La sexualité et l'amour

Données de catalogage avant publication (Canada)

Gaboury, Placide

La sexualité et l'amour

(Collection Nouvel âge)

ISBN: 2-7640-0685-3

1. Amour. 2. Sexualité. 3. Affectivité. 4. Solitude. 5. Autonomie (Psychologie). I. Titre. II. Collection.

BF575.L8G328 2002 152.4'1 C2002-941410-5

LES ÉDITIONS QUEBECOR
7, chemin Bates
Outremont (Québec)
H2V 4V7
Tél.: (514) 270-1746

Bibliothèque nationale du Québec
Bibliothèque nationale du Canada
ISBN: 2-7640-0685-3

Éditeur: Jacques Simard
Coordonnatrice de la production: Claire Morasse
Conception de la couverture: Bernard Langlois
Illustration de la couverture: EyeWire
Révision: Francine St-Jean
Infographie: Composition Monika, Québec

Nous reconnaissons l'aide financière du gouvernement du Canada par l'entremise du Programme d'Aide au Développement de l'Industrie de l'Édition pour nos activités d'édition.

Gouvernement du Québec – Programme de crédit d'impôt pour l'édition de livres – Gestion SODEC.

Imprimé au Canada

PLACIDE GABOURY

La sexualité et l'amour

LES ÉDITIONS
Quebecor
QUEBECOR MEDIA

Sommaire

Avant-propos

Durant les conférences que j'ai données au Québec depuis quelques années, j'ai l'habitude de dire que la période de questions qui suivra l'exposé est la partie la plus importante de la soirée. En effet, les questions de l'auditoire – vos questions – me permettent à la fois de préciser et d'enrichir mon propos en même temps que de répondre plus spécifiquement à certains problèmes ou certaines interrogations personnelles des participants que la conférence, dans son aspect officiel et général, aurait pu escamoter.

L'ensemble de ces réponses s'étalera sur plusieurs livres, qui présenteront les thèmes suivants:

1. La sexualité et l'amour;
2. Le destin et le bonheur;
3. La religion et la vie intérieure;
4. La violence et la paix;
5. L'âme, la mort et l'au-delà.

Il faut ajouter que, puisque la différence entre le discours et l'écriture est assez importante, il est entendu que les réponses orales que j'ai fournies au cours de ces conférences ont dû être révisées et complétées, afin de présenter un texte plus clair, plus structuré et mieux développé. La forme aura donc subi quelques modifications, mais la pensée et le fil des arguments s'y retrouvent intacts. Finalement, pour situer les réponses dans leur contexte, j'ai indiqué le nom de la ville où ont eu lieu les entretiens.

Premier volet:

La relation entre sexualité et amour

(conférence donnée à Lévis)

QUESTION n° 1:

Pourquoi l'amour est-il toujours associé au plaisir?

La différence entre l'amour et le plaisir

Pour bien comprendre la différence entre l'amour et le plaisir sexuel, il faut commencer par reconnaître qu'il y a dans l'acte sexuel humain deux impératifs ou deux appels: celui d'engendrer et celui d'éprouver un intense plaisir. Ce qui n'est pas le cas pour toute forme de relation sexuelle. Il suffit, par exemple, de regarder des lapins en train de copuler: il faut être très attentif pour saisir ce moment, car il ne dure que le temps d'un clin d'œil! Pas de place pour la jouissance dans un acte si rapide, et encore moins pour les préparatifs érotiques! Ce qui importe, c'est de se reproduire, de faire des petits.

Il y aurait donc une première distinction à établir entre l'acte d'engendrer et le plaisir de cet acte, c'est-à-dire que l'on pourrait chercher le plaisir sans avoir en vue la procréation.

En effet, dans la nature, cet acte ne se fait pas toujours de la même façon: il se fait par la copulation chez les mammifères, par l'insémination sans relation avec la femelle chez les poissons, sans l'intervention du mâle chez l'abeille, le ver de terre et certains lézards, par la pollinisation chez les fleurs et, chez les unicellulaires, par un simple dédoublement du corps, les organes sexuels étant inexistants. Dans tout ce processus, il semble clair que ce qui importe avant tout, c'est que la semence se propage, quel qu'en soit le moyen.

La séparation entre le plaisir et la procréation

Ainsi donc, chez les humains et certains singes, le but de la copulation pourra être double: créer de la vie et éprouver du plaisir en le faisant. On pourra même faire cet acte même quand la femme n'est pas féconde, comme cela se passe chez les humains âgés. S'il demeure vrai que le premier but d'un acte sexuel est de concevoir un enfant, il reste que le premier effet et sa condition même seraient chez l'humain d'éprouver du plaisir. *C'est comme si la nature se servait du plaisir pour assurer la lignée. En effet, pensez-vous que les humains feraient des enfants s'il n'y avait pas ce plaisir compensatoire?* Et même si, pendant l'acte, le couple ne pense pas aux enfants possibles, la nature, elle, y «pense», puisque ce qui l'intéresse c'est avant tout la continuation de la vie.

Le plaisir, ne l'oublions pas, est avant tout un moyen, qui peut cependant être pris pour une fin. C'est un peu comme dans le cas de la nourriture: le plaisir du palais est associé au besoin de se nourrir pour rester en vie, mais on peut faire de la nourriture un plaisir en soi. Ainsi, le fait de maintenir la vie par le manger et celui de transmettre la vie par l'acte sexuel sont ainsi reliés au plaisir – le plaisir de la dégustation et celui de l'orgasme.

On peut donc avoir un plaisir génital sans engendrer la vie; l'acte sexuel entre amants, ainsi que toute l'industrie du sexe, les stimulations érotiques, la porno et la prostitution en sont les témoins. Le plaisir sera tellement valorisé qu'il finira par résumer pour beaucoup le contenu même du mot «amour», où tout sera confondu au rêve et au merveilleux.

Ainsi, l'amour aura cessé d'être associé à la procréation (et ses responsabilités) pour s'identifier au plaisir libre et gratuit.

Le mariage et les amours

C'est depuis l'institution du «plus vieux métier du monde» que l'on considère l'amour et le mariage comme deux choses: on se mariait pour assurer la descendance, mais pour le plaisir, il y avait la maîtresse et l'amant. En Occident, c'est surtout à partir des troubadours du Moyen Âge que l'on s'est mis à valoriser l'amour romantique indépendamment du mariage et à idéaliser cet amour comme le sommet du bonheur, par opposition au mariage, qui était une nécessité inévitable pour continuer la lignée, c'est-à-dire un devoir, même un fardeau.

C'est pourquoi l'être humain sera toujours déchiré entre deux pôles d'attraction: plaisir et responsabilité, amours passionnées et fidélité à l'autre, vie licencieuse et respectabilité. Il cherchera dans les plaisirs intenses des moyens d'atteindre une sorte d'absolu, en dehors des contraintes et des charges quotidiennes. Il voudra ce qui fait plaisir et refusera le contraire. Ainsi confondra-t-il spontanément plaisir et amour, qu'il préférera aux responsabilités d'une vie maritale en vue d'élever une famille.

L'amour = le plaisir?

Mais si l'on pense que l'amour est concentré dans ce plaisir érotique, il est loin d'être évident que celui-ci égale amour, et il n'est pas plus vrai de dire que l'amour responsable signifie la négation du plaisir. Mais les humains ont beaucoup de peine à devenir adultes. Ils rêvent toujours d'un bonheur adolescent, ne voulant pas affronter la réalité, se ménageant plutôt des fuites et des excuses, au cas où la réalité serait trop exigeante et la croissance trop difficile.

Nous pouvons maintenant aborder plus directement votre question: «Pourquoi l'amour est-il toujours associé au plaisir?» Je répondrais que c'est parce que nous avons mal compris l'amour et que nous refusons toujours de le regarder en face. En créant une phrase comme «faire l'amour», nous avons trouvé une façon commode de fuir la responsabilité qu'il y a dans l'amour, en le réduisant simplement à un jeu de fesses! Il y a là un plaisir intense, bien sûr, mais pas nécessairement de l'amour. Et dans l'expression «faire l'amour», on ne «fait» vraiment rien d'autre que se donner du plaisir. Pourquoi alors se faire accroire que c'est de l'amour et que c'est même le seul qui existe, le seul qui garantit le bonheur?

Le plaisir reporté

Si nous examinons d'autres secteurs d'activité, nous nous apercevons qu'il y a des choses qu'on accepte dans la vie, en sachant que le plaisir sera reporté plus tard: on va trimer très fort pour obtenir une position, épargner pour mieux vivre ultérieurement, travailler pendant des mois à une œuvre, vivre maigrement pour décrocher un diplôme ou pour fonder sa compagnie – autant de choses qui ne se réalisent pas dans l'instant et qui supposent courage, endurance et une certaine abnégation. Mais quand on a suffisamment de caractère et de vision et qu'on a compris comment fonctionnait la vie, on est capable de suspendre certains plaisirs pour assurer quelque chose de bien plus précieux et important. (En anglais, on appelle cela *deferred gratification* – la gratification reportée.) Ce qui veut dire que le plaisir n'est pas nécessairement le fin mot de l'histoire et le seul ingrédient du bonheur. Il peut accompagner mais il peut aussi être mis de côté pour un but plus haut – un plus grand plaisir.

Quant à moi, il est clair qu'il y a beaucoup plus d'amour (mais pas nécessairement plus de plaisir) à s'occuper d'un enfant ou d'une personne âgée, qu'à s'envoyer en l'air pendant des mois en ne pensant qu'à son plaisir et à son corps – une occupation favorite des nantis et des célébrités. S'occuper des autres comprend certainement des soucis et des sueurs, mais il peut aussi y avoir beaucoup de joie, de consolation et de satisfaction. Mes parents n'avaient de sexe que le dimanche, et pourtant ils ont vécu un grand amour et ont élevé avec beaucoup de tendresse leur douzaine d'enfants. À la mort de son mari, ma mère disait qu'elle avait vécu dans le bonheur et qu'elle serait prête à recommencer cette vie qui pourtant n'avait pas dû être semée de roses.

Plus d'amour qu'autrefois?

Aujourd'hui, avec notre flopée de sexologues et nos gadgets érotiques, nous pensons avoir progressé, nous croyons connaître l'amour bien mieux que les époux d'autrefois, puisque nous sommes tellement plus avancés qu'eux dans tant de domaines. Mais j'en doute fort. Je ne suis même pas sûr qu'on ait plus de plaisir qu'ils n'en avaient au milieu de leur dur labeur. Le contraste entre leur travail et leurs brefs moments de plaisir donnait à ceux-ci une dimension et une importance qui ont été perdues dans notre monde de facilité et de surconsommation.

Or, si notre conception de la vie n'inclut pas le déplaisir autant que le plaisir, nous serons incapables d'affronter la vie que nous avons à vivre et ferons tout pour passer à côté de ce qui s'impose. Mais surtout, nous n'apprendrons pas à aimer. Car la relation d'amour, indépendamment de l'acte sexuel, n'est pas tout d'abord ou uniquement plaisir, c'est une affinité profonde entre deux personnes où entrent, en plus d'une grande admiration et d'une vive attention pour l'autre, beaucoup d'apprentissages à la compréhension et à l'ouverture de l'esprit. C'est une école de maturité où il n'y a guère de place pour une dépendance mutuelle: on apprend à donner au lieu de toujours vouloir recevoir, être aimé, accepté, comblé, comme cela se passe habituellement entre personnes dépendantes. En effet, dans tout amour qui se veut honnête et engageant, il y a du déplaisir, de l'irritation et même du conflit autant que des moments de douceur et de paix.

Ne vouloir que le côté plaisant de la vie, c'est rester enfant. C'est ne jamais grandir. C'est refuser la vie telle qu'elle est.

Du reste, j'ai remarqué que les gens qui sont assez riches pour passer leur vie à ne chercher que le plaisir, sexuel ou autre, sont de moins en moins capables d'aimer. Le plaisir à haute dose ferme le cœur et nous garde infantiles, il nous rend durs et égocentriques.

QUESTION n° 2:

Quelle est la différence entre le plaisir génital et la sexualité?

La sexualité globale

Ce n'est pas du tout la même chose: le plaisir génital forme une partie dans un tout, la sexualité. Celle-ci est couramment réduite à un seul de ses aspects – le contact entre organes génitaux –, alors qu'elle inclut toute la personne. Par exemple, chez la femme, la sexualité est beaucoup plus englobante, engageant tout le corps – c'est beaucoup plus sensuel qu'uniquement génital: c'est toute la peau du corps entier qui est engagée, la peau étant l'organe le plus complet. Alors que chez l'homme, l'activité sexuelle est souvent locale, concentrée surtout dans la région des organes génitaux. Et comme la sensualité féminine est plus complète, elle suggère davantage ce que j'entends ici par sexualité.

Dans la mesure où on n'a pas développé cette sensibilité par le toucher, par l'éveil de tous les sens (qui sont toujours faits de peau), par le contact conscient avec les animaux, les plantes, la nature, l'eau, la neige, la terre, cette sensibilité va se résumer à deux régions: la bouche et l'organe génital, ce qui est le cas chez la plupart des hommes.

La première place au génital

Indépendamment du fait que l'on soit homme ou femme, l'activité génitale semble de plus en plus l'emporter sur la sexualité globale de toute la personne, dans la conscience populaire d'aujourd'hui. Cela se voit dans certaines émissions de télé (où les organes seuls sont dépeints et commentés de façon très explicite), dans une foule d'articles de magazines, des sites Web pornos, des interviews tant à la radio qu'à la télé qui se veulent branchées et «libérées», *alors qu'elles se montrent aussi obsédées par le côté génital que nos aïeuls l'étaient par le péché du sexe.* On croit même que pour être vraiment *in* aujourd'hui, il faut avoir confessé publiquement toutes ses habitudes sexuelles, étalé tous ses fantasmes, ses désirs, avec le plus de détails possible. (Et que celui qui fera cela le mieux gagnera une médaille, peut-être même une mention dans *Le livre Guinness*!)

Un manque d'équilibre

Il est évident que le fait de connaître ses organes, de savoir les manipuler et en jouir, en même temps que de pouvoir susciter le plaisir chez l'autre, est une activité aussi bienfaisante pour le corps que libératrice pour l'esprit. Mais séparer le génital de la sensualité globale et, surtout, de l'amour, c'est manquer d'équilibre et de jugement. C'est diviser la personne en compartiments.

Séparer des choses qui n'existent qu'unies est une des caractéristiques des Occidentaux que nous sommes. Depuis le XVIe siècle, on a pris l'habitude de tout analyser, de tout diviser, de hiérarchiser, d'établir des catégories dans tous les domaines, en sciences, en politique, en religion et en psychologie. Et puisque sexologues et psychologues font de l'activité génitale une chose en soi, il n'est pas étonnant que la masse ne soit plus capable de percevoir la différence entre une aventure de baise et une relation d'amour.

En nous, tout se tient

Mais nous n'existons, n'agissons, ne sentons, n'imaginons et ne pensons pas par morceaux; nous faisons tout cela d'une seule pièce, ce qui défie l'analyse. Se comprendre soi-même ou appréhender quelqu'un d'autre exige qu'on dépasse les parties pour voir l'ensemble (qui est toujours, comme on dit, plus grand que la somme des parties). C'est justement cela le sens du mot «comprendre»: «prendre comme un tout», c'est-à-dire voir les parties comme un ensemble inséparable, avoir l'intuition de ce qui tient tout cela, unit et intègre les morceaux.

On sait, par exemple, que si l'on est malade, c'est le corps entier, avec l'esprit, qui est touché, pas seulement un membre ou un organe. Tout fait corps en nous. Et aimer, c'est par excellence faire corps avec soi-même, faire corps avec un autre, avec son chat, ses plantes, son jardin. L'amour voit ce qui unit, alors que l'analyse intellectuelle ne voit que des parties déconnectées. L'arbre cache la forêt. Et si on ne veut pas reconnaître le fait primordial de l'unité, qu'on ne s'étonne pas d'avoir séparé l'activité génitale de l'amour, *au point de ne plus comprendre ni le sexe ni l'amour*. Car les aspects isolés perdent leur sens lorsqu'ils ont quitté le tout.

Lorsque des parties sont coupées de l'ensemble, elles saignent.

Or, l'amour ne peut être réduit à une baise – à un échange de fluides, de frictions et de succions au niveau des organes génitaux. Car il y a toutes sortes d'énergies en nous et bien des façons de les échanger avec d'autres: par le regard, la marche à deux, le bain, la conversation, le message écrit, les petites surprises, l'activité sportive, l'écoute de la musique, la découverte d'un paysage, la contemplation d'un beau ciel, d'un coucher de soleil, d'une voûte étoilée, en se tenant par la main, en dansant ensemble, en couchant ensemble, en mangeant et en buvant, en célébrant la vie et son mystère par le silence, etc. Ainsi, il peut y avoir échange au niveau de la peau, de tous les sens, de l'émotion, des idées, mais aussi au niveau de l'âme.

L'obsession de l'orgasme

Pour nous, Occidentaux, faire l'amour signifie accomplir des actes qui mènent à l'orgasme: l'acte sexuel est perçu comme une sorte de concours – une course olympique, une partie de tennis ou de golf, un combat de boxe où toute l'attention, toute l'énergie est concentrée sur un seul but: COMPTER. *Tout est dans le score!* Montrer qu'on peut *performer*, réaliser un K.O., prouver ses capacités. Alors que les Orientaux avec qui j'ai eu des relations croyaient trouver plus de plaisir au jeu des corps sans chercher l'orgasme, s'ingéniant plutôt à prolonger le bonheur d'être ensemble, de sentir ses parfums mutuels, de fondre regards et vibrations. Et si l'orgasme survenait, c'était un *plus* au lieu d'être l'unique cible, le *sine qua non*.

Un véritable amour

L'amour est une énergie qui unit deux âmes autant que deux corps, qui les maintient unis même à distance et même lorsqu'il n'y a pas de touchers et de présence physique. On reste unis par la pensée, par le fluide de la tendresse et de l'admiration. On y trouve des moments de solitude et d'absence qui ne font qu'enrichir l'union, alors que la passion purement érotique qui ne cherche que l'union des corps ne peut se passer de toucher l'autre et on souffre terriblement de la moindre absence – un peu comme le bébé séparé de sa maman. C'est là qu'on voit que la passion sexuelle se nourrit surtout d'une dépendance entre deux corps. C'est l'enfance de l'amour: on y agit comme des enfants, ne voulant pas sortir de cette phase pour avancer vers l'amour adulte.

L'amour dans sa maturité est une attention à l'autre, basée sur une profonde affinité de l'âme, qui n'attend pas d'être aimé ou de recevoir le bonheur de l'autre. Ce qui maintient cet amour en vie, c'est la croissance de chacun; ce qui le détruit, c'est l'absence de croissance, en retournant vers le passé, les souvenirs, en cherchant à répéter des actes, même les baises les plus réussies, au lieu de toujours avancer sans fixer le rétroviseur. Car rien dans la vie ne revient une deuxième fois: tout est toujours nouveau, différent.

La nostalgie de l'enfance

Voici ce que disait à ce sujet le sage psychologue Carl Jung: «Quelque chose en nous voudrait rester enfant, dans une pleine inconscience, [...] être sans responsabilités. La phase de la jeunesse se prolonge outre mesure [...] Les adultes veulent transférer la psychologie de la jeunesse au-delà du seuil de 40 ans [...] Chez nous, les vieillards préféreraient bien être les égaux des jeunes. En Amérique, l'idéal est, semble-t-il, que le père soit le frère de son fils et la mère, si possible, la sœur de sa fille.» On pourrait ajouter que beaucoup d'enseignants veulent rester adolescents pour se trouver plus près de leurs élèves, faisant tout pour voiler ou faire oublier leurs rôles et leurs responsabilités adultes, tellement ils ont besoin d'être approuvés, aimés, acceptés par les jeunes.

Chez les gays également, la tendance est à la jeunesse éternelle: on refuse d'aller dans le sens de la vie, de faire le deuil du passé, d'assumer son âge. Plusieurs de leurs problèmes viennent justement de ce qu'ils n'ont pas à s'occuper d'enfants ou de personnes âgées et, par conséquent, ne sentent aucun besoin de devenir adultes. Aussi demeurent-ils longtemps bloqués par la dépendance affective, c'est-à-dire par l'incapacité d'atteindre la maturité de l'amour.

Ainsi, l'Occidental a beaucoup de peine à assumer son autonomie, indépendamment de son sexe ou de son orientation sexuelle.

QUESTION n° 3:

Comment alors verriez-vous l'amour?

De l'enfance à la maturité

Comme je l'ai déjà mentionné, l'amour serait un échange d'énergies à tous les niveaux – une communion de l'âme par le corps, les émotions et la pensée. Il y a bien sûr plusieurs sortes d'amour – plusieurs qualités d'amour – selon que l'échange a lieu au niveau de l'âme plutôt que du corps. Mais c'est l'âme qui est au cœur de l'amour, qui en est le souffle. Il s'agit en fait d'une sorte d'amitié à laquelle on s'éveille à mesure qu'on prend conscience qu'on est plus qu'un corps, qu'on est une âme éternelle. L'âme est unique et c'est par elle qu'on est unique. Aussi l'amour suppose-t-il tout d'abord une autonomie individuelle, une indépendance émotive, une capacité d'être fidèle à soi-même, d'être fidèle à son unicité.

Cela signifie qu'il n'y a pas de véritable amour si l'on dépend de quelqu'un et que l'on attend son bonheur de quelqu'un d'autre. Pendant l'enfance et l'adolescence, il était naturel de s'attendre à être aimé, approuvé, choyé. Mais ces étapes doivent être dépassées, c'est-à-dire qu'il faut avoir appris à s'aimer soi-même tout d'abord sans attendre de ses parents (ou de ceux avec qui on a une relation de parent-enfant) qu'ils nous valorisent ou nous soutiennent.

Devenir adulte

Il est à noter que c'est une fois en couple que la plupart des gens s'aperçoivent qu'ils ne savent pas aimer et qu'ils ne se sont pas suffisamment préparés à établir une relation autonome avec quelqu'un. On trouve normal qu'un enfant ne sache pas encore aimer, qu'il ait besoin d'être aimé. Mais une fois que les jeunes (ou de moins en moins jeunes) ont quitté la maison familiale et qu'ils vivent en chambre avec quelqu'un de leur âge, ils ont enfin l'occasion de se connaître mieux à travers les frictions et les différends. C'est alors seulement que chacun peut apprendre vraiment à s'aimer, car il n'est plus avec un parent qui le couverait ou dominerait. Il apprend qu'il doit être son propre parent et que c'est cela devenir adulte.

L'amour suppose que l'on est déjà heureux d'être ce que l'on est. On peut donc porter son attention sur autre chose que soi-même, sur une autre personne ou sur plusieurs, plutôt que de se préoccuper de sa valeur, de l'effet qu'on produit, de l'approbation et de l'affection à recevoir. On peut mettre davantage d'énergie à comprendre l'autre, à le respecter, à le chérir tel qu'il est. Aimer l'autre plutôt que de vouloir en être aimé.

Cela, bien sûr, ne se fait pas en le disant: il faut une longue maturation et plusieurs coups manqués. Mais c'est dans ce sens que va la flèche de la croissance et on ne peut être un humain complet ni une personne heureuse si on refuse d'aller dans cette direction.

QUESTION n° 4:

Y a-t-il un lien entre sensibilité et intelligence?

Une fausse conception de l'intelligence

Si on croit qu'être intelligent, c'est savoir beaucoup de choses, savoir raisonner, calculer et analyser, alors l'intelligence nous apparaîtra comme une affaire de tête uniquement. Cette personne de tête sera pour nous intelligente. Pourtant, lorsque le cerveau connaît, connecte et retient une quantité de données, c'est l'aspect le plus mécanique de l'intelligence qui agit alors, celui qui la rapproche le plus de la machine, de l'ordinateur. C'est par la mémoire et la rapidité de la récupération des données et de leurs rapports qu'un ordinateur est surtout utile. D'ailleurs, la plupart des jeux-questionnaires à la télé sont affaire de mémoire – un domaine où les machines nous dépassent de beaucoup. C'est comme si on essayait de rivaliser avec elles.

En effet, réduire l'intelligence à de la mémoire, c'est en faire une machine, mais une machine tout à fait inférieure. C'est toutefois la conception de l'intelligence la plus répandue de nos jours. On la valorise surtout depuis l'avènement de ce qui s'appelle l'intelligence artificielle.

Mais l'intelligence n'est pas simplement de la mémoire; on aura beau bourrer de données ses logiciels, on n'atteindra pas à l'intelligence humaine. On arrivera simplement à une mémoire de plus en plus rapide et efficace. Ce qui est déjà quelque chose, bien sûr, mais ce n'est pas de l'intelligence. La rapidité des calculs et la quantité de choses mémorisées sont des attributs que le génie humain a transférés à des machines calculatrices (inventées par Blaise Pascal et Leibnitz), devenues par la suite des ordinateurs. Mais appeler ces machines intelligentes, c'est un abus de langage et c'est du même coup dévaloriser l'intelligence qui nous est propre, en en faisant une chose purement mécanique et quantitative.

L'intelligence proprement humaine

L'intelligence humaine est davantage du côté de la sensibilité que de la mémoire. Une personne sensible a plus d'intelligence qu'un cerveau qui sait mais ne vibre pas. Et une personne, c'est plus qu'un cerveau. Car elle peut comprendre – sentir, ressentir, être touchée, compatir et voir l'ensemble au lieu de ne voir que des parties. C'est cette compréhension et cette sagesse de voir au-delà des apparences qui caractérisent notre intelligence.

On y trouve aussi les connaissances de diverses disciplines, mais incluses dans quelque chose de plus grand – l'ouverture, la sensibilité de tout l'être, l'infinité de l'âme. Je dirais donc que la personne vraiment intelligente est celle qui montre le plus de sensibilité à la vie, aux autres, à la nature, à l'amour, celle qui est la plus émerveillée. Il y a, par exemple, plus d'intelligence dans un créateur que dans un calculateur, car le créateur doit user de l'imagination et doit s'ouvrir à ce qui n'est pas encore connu. La créativité est en effet un trait essentiel de la personne vraiment intelligente. Car la créativité ne copie pas, elle invente du neuf, elle imite en cela la nature plutôt que la machine.

En ce sens, les tout-petits sont souvent plus intelligents que les adultes, qui sont déconnectés de la nature et de leur propre corps, comme le serait une chaufferette débranchée.

Très souvent, les adultes ne seront plus reliés à la vie mais enfermés dans leur bulle mentale. Ainsi, les gestes devenus robotiques, les habitudes de fonctionnaire, le besoin d'accumuler des quantités de choses inutiles nous déshumanisent en nous réduisant à un ensemble de réactions mécaniques, répétées, mortes.

La vibration humaine

Être humain, c'est vibrer non à la façon d'un séchoir à cheveux mais d'un cœur vivant, d'une vive sensibilité, d'une émotion généreuse. Comme je l'ai déjà dit, le bébé est ouvert à tout, étonné, sans préjugés, sans analyse; il est accueil et curiosité, en état de sensibilité éveillée. Il ne vit pas dans sa tête, c'est tout son être qui vibre. Il est présent aux choses, il n'est pas enfermé dans des concepts. C'est l'intelligence naturelle, animale, qui agit en lui. Plus tard, cette ouverture complète se refermera, réduite au besoin de dominer, de calculer, de tout séparer et, surtout, d'avoir raison. L'enfant sera alors devenu ce qu'on appelle un être civilisé, rationnel, pleinement adapté. Il ne sera plus intelligent, mais calculateur, efficace et enfermé dans ses habitudes. Il ressemblera plus à une machine qu'à un être intelligent, créateur et sensible.

QUESTION nº 5:

Être sensible, cela voudrait dire être ouvert à la beauté?

L'animal ne voit pas la beauté

Disons pour commencer qu'une personne insensible à la beauté du monde serait une brute! Non mais, qu'est-ce qu'il lui faut pour être touchée? Il y a tellement de beauté dans la nature (beaucoup plus que dans les créations humaines) que cela seul suffirait à toucher le cœur le plus dur, l'esprit le plus obtus, le plus fermé.

Je suis passé par la Beauce aujourd'hui et comme c'est la fin de l'automne, les arbres étaient d'un rouge vermeil. Et ces feuilles rouges tombaient doucement, lentement sur un sol couvert de neige blanche. (C'était le contraire du spectacle habituel où on voit les flocons de neige tomber doucement sur un lit de feuilles rouges.) C'était à la fois saisissant et inhabituel, un spectacle comme la nature en fait continuellement et spontanément pour aucune raison, par pure générosité, comme la fleur qui s'épanouit en pleine forêt sans que personne ne puisse jamais la regarder.

Mais qui, parmi les Beaucerons, a pris le temps d'admirer ce miracle (qui veut dire en latin «petite merveille»)? Tous ces gens affairés et vaillants étaient probablement trop occupés à s'enrichir pour jeter un simple coup d'œil sur la beauté de leur monde! Quel dommage!

L'émerveillement

On ne peut être intelligent, c'est-à-dire sensible, à moins d'être émerveillé. Einstein disait que la religion et la science étaient toutes deux affaire d'émerveillement. Il disait aussi: «L'homme qui n'est plus capable de s'émerveiller a pratiquement cessé de vivre.» Il voyait juste. Celui qui n'est pas touché, même bouleversé par l'apparition d'une rose, la splendeur d'un lever ou d'un coucher de soleil, la tendresse d'un chaton ou d'un agneau, la fraîcheur de l'eau ruisselante, le vert fragile des arbres au printemps, ne peut avoir une âme sensible.

Il ne peut sentir le divin dans la beauté qui émane des choses comme le parfum d'une fleur. Il reste éteint, traversant un monde de beauté sans avoir rien vu, sans avoir rien senti. Même les animaux sont infiniment plus sensibles que nous, par leur peau, leurs yeux, leurs oreilles. Ils sont en communion constante avec toute la nature. Et bien que ce ne soit pas la beauté qu'ils perçoivent d'abord, ils restent totalement imprégnés par la grandeur, la douceur et la force qui les entourent.

L'éveil de l'âme

En effet, pour être sensible à la beauté, il faut que l'âme s'éveille. L'âme est le lieu de l'émerveillement, comme on le voit chez l'enfant, avant qu'il perde petit à petit cette ouverture, au fil de sa croissance. L'âme est cette dimension en nous qui est sensible à tout ce qui évoque l'éternité, la beauté, la grandeur, l'immensité. C'est pourquoi nous levons les yeux pour regarder le ciel rempli d'étoiles et nous perdre dans la beauté de la nuit. Comme le disait dans un cantique le compositeur Rameau (XVIIe siècle): «Ô Nuit! Qu'il est profond ton silence, quand les étoiles d'or scintillent dans les cieux! J'aime ton manteau radieux: ton calme est infini, ta splendeur est immense!»

La beauté du ciel

Vous êtes-vous déjà demandé pourquoi on est attiré par un ciel plein d'étoiles?

Pour les anciens Chinois, le Ciel était le monde éternel de l'esprit et la terre, le monde éphémère de la matière, alors que l'Homme, qui appartient aux deux, se trouvait au milieu. Dans la plupart des traditions anciennes, le Ciel, composé de planètes et d'étoiles, était perçu comme éternel. Il symbolisait la paix, la beauté, l'immensité, la durée infinie. En français, on appelle cela le «firmament», c'est-à-dire ce qui est solide, établi pour toujours.

Oui, les étoiles évoquent en nous le monde qui jamais ne commence ou ne finit – l'éternité. Et chaque fois que nous levons la tête pour contempler le doux scintillement du ciel sur le bleu sombre de la nuit, nous savons spontanément que ce sont les mêmes étoiles qui guidaient les pharaons et Gengis Khan, qu'admiraient le Bouddha, Jésus, François d'Assise, qu'exploraient Galilée et Einstein – les mêmes étoiles que contempleront ceux qui viendront après nous dans les siècles à venir.

Ce que j'essaie de dire ici, c'est que nous avons dans le ciel étoilé le meilleur indice que quelque chose nous a précédés et nous succédera, quelque chose qui a toujours été et sera toujours, du moins aussi longtemps que vivra l'humanité. En somme, les étoiles et les planètes qui brillent la nuit nous rappellent notre propre éternité – le monde de l'âme. Celle-ci, qui est lumière, brille toujours comme les étoiles, en demeurant invisible tout comme elles le sont pendant le jour, c'est-à-dire dans le monde des apparences.

Nous sommes faits à la fois d'étoiles impérissables et de matière périssable. De lumière et d'ombre. Et chacun de nous, depuis son enfance, est fasciné par les étoiles: il y a là quelque chose de touchant, de doux, de proche de nous. Nous y voyons notre âme éternelle reflétée comme dans un miroir et nous sentons mystérieusement que c'est vers ce monde de lumière que nous allons retourner...

La beauté du ciel, c'est celle de l'âme.

Vous vous rappelez la dernière scène du film de Fellini, La Strada, *où Zimpano, l'homme dur et brutal, se soûle en apprenant la mort de la petite Gelsomina qu'il avait refusé d'aimer pendant toutes ces années? Écrasé par sa peine, il s'écroule sur le rivage, s'endort, et après quelques heures se réveille en pleine nuit et se tourne vers le ciel pour la première fois de sa vie. Il était devenu un être humain: il pouvait enfin s'émerveiller devant les étoiles!*

QUESTION n° 6:

Y a-t-il une morale sexuelle?

Ce qui est naturel

Tout plaisir quel qu'il soit – sexuel, émotif, intellectuel – est naturel. Cela n'a donc rien à voir avec les concepts du bien et du mal. Ou plus précisément, le plaisir comme tel ne peut être mauvais. Il ne pourrait l'être que si on l'utilisait de façon abusive, pour soumettre quelqu'un, le faire chanter, le faire souffrir ou encore lui nuire comme dans le cas où on briserait le mariage de quelqu'un. Mais, à ce moment-là, ce n'est pas le plaisir par lui-même qui est en faute, c'est l'usage qu'on en fait.

Car la morale – l'action en tant que bonne ou mauvaise – n'existe pas dans le corps, seulement dans la conscience de la personne. La moralité, c'est quelque chose qu'on conçoit avec la tête, alors qu'une action est une expérience vécue par toute la personne. Du reste, l'excès dans les choses naturelles (*hubris*) était déjà considéré par les anciens Grecs comme la faute la plus dommageable chez l'être humain. C'était la même chose chez les chrétiens qui voyaient l'excès dans le boire et le manger comme un péché de gourmandise. Mais ils auraient pu se passer d'en faire un péché, puisque l'excès de nourriture contient déjà sa propre discipline: maux d'estomac, ulcères, indigestions, obésité, maladies du cœur, diabète. En faire une chose morale, c'était simplement une erreur de jugement, un besoin de contrôler et d'exercer son pouvoir sur les personnes crédules en les maintenant dans la peur et la culpabilité.

La sexualité est chose personnelle

Ainsi en est-il également pour l'usage de la sexualité: c'est à chacun d'y voir. Personne de l'extérieur ne peut gérer ou régler ma sexualité ou ma nourriture. Est mal ce que l'on *pense* être mal. Mais le fait d'y voir quelque chose de mal, c'est une interprétation que nous ajoutons à une action, qui elle n'est rien d'autre qu'une expérience.

Sans qu'il soit question de bien ou de mal, l'acte génital fait partie d'un ensemble, il n'est pas un absolu. Il est naturellement réglé par le système de valeurs propre à chaque individu. Par exemple, si pour telle personne le plaisir des organes sexuels prime tout autre intérêt ou remplace l'amour, c'est elle-même qui en souffrira: elle sera de moins en moins ouverte à l'amour, en étant obsédée par le plaisir seul.

L'amour dépasse la morale

C'est l'amour à tout niveau – amour de soi, de son corps, de la nature et des autres – qui donne valeur à un acte. L'amour et l'amitié appartiennent à l'âme. C'est l'âme qui aime, non pas le corps. Celui-ci ne connaît que des sensations. Et c'est l'âme qui, à travers le corps, peut seule exprimer admiration, tendresse et affection. Le corps est l'instrument de cette expression. J'en donne un exemple: je me souviens que lorsque j'ai découvert l'activité sexuelle à travers la masturbation, j'éprouvais un grand plaisir, un plaisir libérateur, sans aucun remords. L'*expérience* du plaisir était pure et bonne. Mais dès que j'ai appris des prêtres que c'était péché, je me suis senti terriblement troublé: j'étais déchiré entre la sensation de plaisir honnête et si bienfaisant et la pensée que cela pouvait désormais être mal, alors que c'était toujours le même geste que je faisais. C'est la *pensée* (d'un mal) qui avait remplacé l'*expérience* (d'un bien). J'ai même connu quelqu'un qui, à cause de ce fameux péché accolé à la masturbation (une chose naturelle et nécessaire), a fini par devenir alcoolique pour faire taire sa culpabilité constante.

La morale dans ce cas avait étouffé le plaisir naturel, qui était en lui-même une expression de l'amour de soi. Ainsi, la morale tue l'amour en le soumettant à un code arbitraire décrété par une religion qui est elle-même vidée d'amour.

La friction n'est pas l'amour

Comme je l'ai dit précédemment, aujourd'hui, l'amour est de plus en plus réduit à de la baise purement et simplement, c'est-à-dire à un contact buccal-génital-anal, sans plus. Une friction de peau; un commerce de viande. Cela s'explique pourtant: comme le sexe a trop longtemps été honni et puni par la morale religieuse, on a donc décidé de prendre sa revanche. Le pendule est passé d'une extrémité à l'autre: on parle abondamment de ces choses, on les montre, on les commente et on en fait une préoccupation majeure. On est convaincu qu'après ce trop long carême, plus on prononcera les mots magiques et jouera avec ce qu'ils représentent – pénis, vagin, clitoris, orgasme –, plus on aura récupéré les droits sur son corps, plus enfin on se sentira libéré! C'est comme une sorte de manifeste: «Verges et Vagins de ce monde, unissez-vous pour libérer les nations!» Et j'exagère à peine…

L'autre slogan qui lui ressemble est «faites l'amour, pas la guerre», qui a des allures de vérité. Mais si l'on disait plutôt aimer au lieu de haïr, on serait davantage dans le vrai, car «faire l'amour» n'a en fait rien à voir avec l'amour. On emploie les mots qui touchent, mais c'est pour dire autre chose. Cela fait partie de la propagande érotique qui inonde le monde. Or, c'est tellement plus difficile d'aimer que de simplement «faire l'amour». Il suffit d'essayer pour le savoir...

La revanche du sexe éclaté

Bien sûr, cette revanche du sexe s'explique, mais elle ne règle rien: elle met complètement de côté les difficultés d'aimer, de vivre en couple, d'élever des enfants. Mais surtout, cela nous rend de plus en plus revêches, même hostiles, à tout ce qui ne serait pas un plaisir immédiat. On n'apprend pas à être responsable, on tend à rester ado, comme je l'ai déjà suggéré.

Cela veut dire que l'on n'apprend pas à aimer la vie telle qu'elle est, à accueillir l'ensemble en toute simplicité. Les médias sont tellement obsédés par le sexe qu'on ne s'en aperçoit plus. C'est justement ce qu'ils voulaient: nous habituer à l'excès au point d'en être inconscients. Peut-être veut-on en arriver à ce que les hommes et les femmes se promènent à poil, finalement, avec tout au plus un ruban rouge au pénis et un bleu au pubis! Ainsi connaîtrait-on la grande libération sexuelle!

S'il n'y avait guère de place pour le plaisir autrefois, aujourd'hui, en revanche, on n'a guère ménagé de place pour l'amour responsable. La religion a rendu coupable ce qui était plaisir naturel, mais la nouvelle morale en a fait une obsession. On peut se demander s'il y a eu progrès.

L'amour n'est pas qu'une affaire de corps

Devant la vulgarisation progressive du sexe et de tout ce qui s'y rapporte (par exemple, le langage de plus en plus grossier des jeunes filles), il faut dire haut et clair que l'amour n'est pas une affaire de corps. Mais il faut dire davantage: plus le corps (les organes génitaux) prendra de la place, moins il y en aura pour l'amour. Et plus aussi le dégoût, la déception et l'ennui surviendront avec l'habitude de l'abus. C'est comme manger trop de sucre à la fois.

Le sexe ne nous apprend pas à aimer, sauf en découvrant ce qu'il lui manque. Il ne contient pas par lui-même d'amour, c'est plutôt l'amour qui inclut le sexe et lui donne sa vraie dimension. Il faut ici se rendre compte qu'après tout, c'est la vie qui établit les règles, pas nos désirs et caprices qui nous gardent adolescents et irresponsables. La morale ne nous éclaire pas non plus, car elle nous garde également infantiles par la peur d'offenser les règles ou un dieu, au lieu d'assumer nos expériences et d'apprendre nos propres leçons.

Cependant, ce n'est pas parce que nous aurions perdu toute culpabilité en matière de sexe que nous sommes pour autant libérés. En s'empêchant de faire quelque chose parce que c'est défendu ou, au contraire, en s'y adonnant avec une vengeance féroce parce qu'on se croirait tout permis, voilà deux attitudes également infantiles.

La loi de la croissance nous pousse à dépasser ces deux étapes.

QUESTION n° 7:

Qu'est-ce qu'une relation sexuelle équilibrée?

Est équilibré ce qui tient compte de plusieurs aspects, tout en donnant à chacun son dû. Les aspects qui entrent dans une relation sexuelle sont la connaissance de son corps et du corps de l'autre, la capacité de se laisser jouir, de vivre d'émotion autant que d'imagination. Mais déjà, en séparant ainsi le sexe de tout le reste, on ne peut plus parler d'équilibre.

L'union équilibrée

En effet, il faut plus qu'une relation sexuelle réussie pour que deux personnes connaissent une union équilibrée. La conception que l'on se fait de l'amour ou de la vie à deux est primordiale. Et c'est habituellement là que les choses se gâtent: on rêve en couleur dès qu'on pense à l'amour ou à une vie de couple. On pense à son prince charmant ou à sa dulcinée, croyant que l'attrait physique, la chimie des corps et la passion garantissent l'authenticité d'un amour ainsi que le bonheur mutuel. Ce sont des illusions propres à l'adolescence qui, hélas! de nos jours, ne se distingue plus tellement de l'âge adulte!

C'est qu'il n'y a pas que le corps et l'émotivité, justement. Pour qu'il y ait une relation équilibrée, il faut que chacun des partenaires connaisse les deux aspects fondamentaux de sa personnalité – le féminin et le masculin, c'est-à-dire que l'homme n'est pas un étalon ni la femme, une jument. Ce sont là des attitudes à dépasser, des comportements immatures, primitifs.

Une fausse conception de l'humain

Cependant, si on regarde les émissions de télé, les magazines et le cinéma, on s'aperçoit que la conception même de l'être humain est complètement arriérée. Les hommes, suivant par exemple le modèle américain qui est le plus influent, se veulent machos, durs, aux corps invincibles et violents, alors qu'ils sont peureux, sentimentaux et sans force intérieure, si on les compare, par exemple, aux Orientaux. Leur faiblesse vient de ce qu'ils ne reconnaissent pas leur côté féminin – la douceur, la patience, l'intuition, la compassion, la force d'âme. Ils sont déséquilibrés.

De même, selon le modèle américain, les femmes se veulent à la fois émancipées, féministes, en même temps qu'elles participent plus que jamais aux concours de beauté, de culturisme, aux défilés de mode et à l'activité pornographique, où la femme-objet, autrefois si décriée, est revenue en force. L'homme considère la femme comme une chose à conquérir, et la femme consent toujours à se voir comme une femme-objet qui fait semblant de répudier cette image, tout en profitant d'être toujours la chose convoitée et adorée. Au fond, le mouvement féministe n'a guère changé les attitudes de la femme qui se veut branchée.

La guerre des sexes

On entretient la guerre des sexes à l'instar de la guerre entre religions, races et nations. On refuse de voir que tout se tient et qu'on ne peut séparer les choses entre elles sans qu'elles perdent leur sens et leur sang. Or, la réalité inéluctable, c'est que l'homme est en partie femme et celle-ci en partie homme.

Carl Jung nous rappelait, il y a plus d'un demi-siècle, que l'homme équilibré – nous y voilà! – doit avoir une composante de 2/5 de féminin, et la femme, la même proportion de masculin.

Jung disait également que l'individu ne pouvait pas être complet sans avoir intégré sa dimension complémentaire, sans quoi il restait tronqué, diminué. Dans sa vision, un homme véritable ne serait donc pas un macho, un monsieur muscles ou un héros guerrier (une image que l'administration Bush a fait revenir en force pour montrer que l'*homo americanus* est un héros invincible). L'homme complet est en bonne partie féminin *mais à l'intérieur*, comme la femme complète serait en bonne partie masculine *mais à l'intérieur*. Ce n'est pas que le fait de paraître efféminé (pour un homme) ou très mâle (pour une femme) soit un déséquilibre en lui-même, ce n'est pas ce qui est ici visé. Un homme à 100 % mâle est un monstre, tout comme le serait une femme sans dimension masculine.

La transmission mutuelle des valeurs

La relation entre homme et femme serait donc une alchimie où se transmettraient de part et d'autre des valeurs et des énergies masculines (de l'homme à la femme) et féminines (de la femme à l'homme). L'amour est un échange d'énergies, une synergie justement, une osmose (transmission spontanée).

Il ne s'agit donc pas d'une guerre entre les sexes – cet héritage de la barbarie que l'on ne veut toujours pas larguer. Et pourquoi ne veut-on pas dépasser cette façon de voir et de vivre? *Parce que l'on a peur d'être vraiment soi-même, d'être vraiment humain, ce qui comprendrait à la fois chez chacun un mélange de force et de douceur, d'activité et de réceptivité, d'audace et de patience, d'intellect et de cœur, de passion conquérante et de tendresse.* Les humains seraient ainsi plus semblables que différents, leurs différences se trouvant surtout dans leur caractère et leur apparence physique plutôt que dans leur âme.

Dans ce contexte, l'activité sexuelle sera perçue comme une des composantes de la relation, mais certainement pas comme la seule ni même la plus importante. Car si chacun des deux reconnaissait et acceptait son côté complémentaire et apprenait de l'autre ce qui lui manque, l'aventure sexuelle et amoureuse n'apparaîtrait plus comme un combat entre prédateur et proie, entre fort et faible, mais simplement comme un jeu, une danse, une fête. La finesse, l'humour, l'attention, la fidélité apparaîtraient comme allant de soi, remplaçant avantageusement le quant-à-soi, les récriminations, les règlements de comptes, les rancunes, les coups d'épingle et de poing qui garnissent la vie de couple.

L'essentielle croissance

Cela peut sembler idéaliste, j'en conviens. Aussi longtemps qu'on restera campé chacun sur sa barricade, *aucune* relation d'amour ne sera adulte, et *aucune* relation sexuelle ne sera harmonieuse. *Mais surtout, la vie de couple ou la relation amoureuse ne sera jamais une aventure de croissance. On restera bloqué et ignorant. On reprochera à l'autre son propre malheur*. Cela suppose bien sûr une volonté d'apprendre: chez l'homme, une volonté d'apprendre de la femme comment développer son côté féminin, et chez la femme, le désir d'apprendre de l'homme comment développer son côté masculin.

QUESTION n° 8:

Pourquoi l'Église est-elle opposée au sexe?

C'est une question qui nous ramène loin dans le passé. «Après 2000 ans, écrit le grand psychothérapeute E. Drewermann, l'Église est restée dans une attitude de peur et de méfiance à l'égard de tout ce qui est plaisir naturel... Son combat désespéré contre la sexualité a été un moyen d'éloigner l'Homme le plus loin possible d'une nature basse et avilissante.» (*Fonctionnaires de Dieu*, p. 438)

Un monde divisé en deux

Pour comprendre comment tout cela a pris forme, il faut remonter aux débuts de l'Église. Dès le IVe siècle, celle-ci a séparé le monde en deux: d'un côté le Royaume des Cieux, pur et parfait, et de l'autre, le monde de la Chair, fait de péché et de faiblesse. Cette idée venait des manichéens qui divisaient le monde en deux camps: les Fils de Lumière et les Fils des Ténèbres. Et c'est avec Augustin que l'idée s'est vraiment implantée. Après sa conversion à partir du manichéisme (qui continuait cependant de l'influencer), il s'est mis à mépriser femme, sexe, plaisir et sensualité. Il ne vivait que pour ce qu'il appelait la Cité de Dieu, érigée sur l'anéantissement de l'Homme.

Selon lui, Dieu ne pouvait nous sauver de la chair que par sa grâce, sans quoi nous étions perdus à jamais. Et c'est l'Église qui distribuait cette grâce comme elle l'entendait.

Les purs: les clercs

Comme ses clercs avaient reçu la vocation, c'est-à-dire, entre autres, la grâce de la chasteté, ils étaient épargnés. Ils appartenaient au monde de l'esprit, de la lumière et de la pureté, un monde supérieur à la nature – d'où son nom «surnaturel» –, loin du monde naturel, c'est-à-dire loin de la matière et des passions. Dans sa structure même, l'être humain était constitué d'un haut et d'un bas: le monde des idées sublimes dans la tête et les pulsions instinctives en bas de la ceinture. Et le salut consistait à écraser ce qui était en bas.

Avec son invention du péché originel, Augustin voyait chaque acte sexuel comme un péché mortel, sauf si l'intention était de procréer. C'est de lui que l'Église a hérité sa peur obsessive de toute activité sexuelle, depuis la masturbation jusqu'à la fornication, du flirt au divorce.

Le haut et le bas

Le clergé, c'est-à-dire l'état-major de l'Église, se voyait donc perché en haut (à cause de sa chasteté qui le rapprochait de Dieu), alors que le peuple des croyants appartenait au monde d'en bas par sa dépendance du sexe et du plaisir. Le clergé – religieux, prêtres et moniales – était naturellement destiné au Ciel, tandis que les autres étaient constamment attirés par l'enfer (en latin, *inferos*: les mondes *inférieurs*). Ceux du haut vivaient comme des anges désincarnés, ceux d'en bas, un peu comme des bêtes. Le clergé se considérait donc supérieur par ses connaissances, sa vertu et son élection divine (appelée vocation), et c'est avec condescendance et paternalisme qu'il regardait les «pauvres pécheurs» dont, bien sûr, il ne pouvait faire partie.

Séparés du peuple

Les membres du clergé étaient en somme des privilégiés: protégés des soucis d'argent, assurés de leurs rentes ecclésiastiques, libérés des problèmes de la famille, du couple, et à cause de cela même, coupés de leurs émotions, de leurs pulsions, de leurs désirs et de leurs passions qu'ils niaient et refoulaient sans appel. Il ne leur restait vraiment plus rien pour comprendre ceux qui souffraient dans leur corps et leur cœur, qui vivaient dans les peines d'amour, les esclavages et les dépendances. Mais surtout, ils ne pouvaient aider ceux qui cherchaient leur voie dans l'obscurité, tiraillés entre le doute et la confiance, car eux, les clercs, savaient tout et vivaient dans une sécurité totale – c'était du moins l'impression qu'ils devaient absolument donner pour convaincre et soumettre le peuple.

Et ce sont ces seigneurs-là, repus, servis et protégés comme ceux des anciennes cours royales, qui prétendaient savoir comment se comporter dans l'acte conjugal, dans les relations d'amour et dans l'éducation des enfants ! Ils croyaient avoir la science infuse, du seul fait qu'ils étaient choisis par Dieu et élevés par le sacerdoce (qui, en réalité, ne donnait pas plus de pouvoir ou de don spirituel qu'à un mécanicien son talent de bien exercer son métier – mais cela faisait un petit velours d'y croire).

La fonction remplace tout

La réalité était beaucoup plus brutale que ça: ils avaient perdu tout ce qui rend humain, simple, compatissant et vrai. Pas étonnant qu'aux États-Unis, le récent tsunami de prêtres pédophiles ait fait éclater l'armure de l'Église, montrant celle-ci sous son vrai jour. Sans être unique à ce pays, ce phénomène étonne d'autant plus que l'Amérique prétend être transparente, moralement supérieure et, surtout, invincible. Quand verrons-nous les pays vraiment catholiques (l'Italie, l'Espagne, les pays d'Amérique latine) avoir le courage de se reconnaître sans attendre qu'on expose leur conduite cachée?

Non seulement le clergé n'a jamais reconnu ses doutes et préjugés, ses refoulements et pulsions, ses angoisses et révoltes; non seulement cela l'a empêché d'exprimer peines et angoisses, idées, désirs et projets, mais il a également étouffé toutes ces choses chez le peuple qu'il devait éclairer et libérer. Le clergé mettait sa force dans la structure, la hiérarchie, l'administration, au lieu de la placer dans son cœur, dans la connaissance de soi, dans l'aveu de ses faiblesses et pulsions. La force venait de son armure, non de son courage. Et il demandait la même chose aux fidèles: faites confiance à l'Église, c'est là que Dieu se trouve, et non en vous-mêmes, âmes perdues!

L'obéissance absolue

Cette soumission aveugle à une autorité extérieure, le clerc la transmettait, l'exigeait même de ses ouailles. Ainsi, les prêtres n'apprenaient jamais à assumer ou à intégrer leurs propres sentiments, leurs opinions et leurs préférences, pas plus qu'ils n'arrivaient à intégrer les difficultés communes à tout le monde. Ils ne savaient pas écouter le peuple ou le comprendre, pas plus qu'ils ne savaient le guider. Pourquoi? Parce qu'ils ne savaient pas écouter ce qui se passait en eux, pas plus qu'ils ne savaient se laisser guider par le divin qui les habitait. Ils ne parlaient jamais à partir de leur vécu ou de leur senti: *leur parole sortait d'une bande magnétique*.

Comme les clercs ne se connaissaient pas, ils ne pouvaient connaître les autres. Ils vivaient dans des structures, à l'intérieur de garde-fous, bien encadrés comme des fonctionnaires. Ce n'était pas un monde de personnes, de faiblesses et de sensibilité, d'amour et de tendresse, mais un monde de doctrines, d'ukases, de certitudes et d'autorité.

Le piège de la théologie

Pour eux, la connaissance d'énoncés théoriques était la seule connaissance respectable, surtout si on la croyait venue de

Dieu par ce qui s'appelait la Révélation. Le savoir de la tête remplaçait à leurs yeux l'expérience vécue à travers les difficultés de la vie, ainsi que dans les leçons apprises par essais et erreurs – c'est-à-dire le chemin que suivait tout le monde. La vérité leur venait d'en haut, toute cuite à l'avance, alors que celle des gens surgissait de leur recherche, de leurs attentes, des leçons apprises au jour le jour, de leur souffrance.

La connaissance des clercs se résumait à des données théologiques – l'écriture sainte, les deux natures du Christ, les doctrines de l'Église, la morale, les lois canoniques, etc. Des choses anciennes, éculées, mortes. Jamais on n'entendait un seul texte récent ou moderne durant la messe: toujours des choses dites et redites, comme une habitude qui tue. C'était comme si l'Esprit n'avait inspiré que ces gens d'il y a 2 000 ans et que rien de valable ne s'était produit depuis! On ne donnait aucune valeur à Origène, Maître Eckhart, Ruysbroeck, Tauler, le bienheureux Suso, Giordano Bruno, Catherine de Gênes, Julienne de Norwich, Teilhard de Chardin, Charles de Foucauld ou Thomas Merton. En étouffant tout émerveillement, toute spontanéité, toute ouverture sur l'inconnu, toute capacité de vraiment apprendre, on laissait de côté – on ignorait même – les richesses de la vie intérieure des siècles récents.

Et c'était quoi au juste, cette fameuse théologie? Une défense servile des doctrines de l'Église, prises pour des vérités absolues. *Le théologien, c'est le doberman de l'Église.* Celle-ci tomberait comme un château de cartes si on se permettait vraiment de la critiquer comme cela se fait dans les sciences actuelles. Mais elle tomberait encore plus vite si ses coffres se vidaient. Son pouvoir vient de la peur qu'elle inspire, ce qui lui assure des millions d'êtres soumis et infantiles, dont on soutire des sous en échange d'un salut garanti. La richesse extérieure de l'Église cache une pauvreté intérieure lamentable.

La peur de toute critique

Toute pensée nouvelle, toute remise en question et toute exploration montreraient que la doctrine de l'Église n'est pas la vérité absolue, mais qu'elle est perméable à la critique, poreuse et peu solide – un château de cartes plutôt qu'un château fort. Tous ses critiques, tous ceux qui pensaient par eux-mêmes dans l'Église, tout ceux qui osaient remettre les dogmes en question, ont été éliminés, c'est-à-dire que les seuls théologiens créateurs et audacieux que nous connaissons ont été excommuniés, brûlés, exilés ou obligés de se taire. Quelques noms nous reviennent en mémoire: Giordano Bruno, Ernest Renan, De Lubac, Rahner, Schillebeekx, Teilhard de Chardin, Hans Küng, Leonardo Boff, James Curran et, récemment, Eugen Drewermann. Tous les autres théologiens ne sont que des marionnettes sacrifiant l'intelligence qui leur reste à la défense de mythes et de contes de fées. L'Église a toujours aimé les gens soumis autant qu'elle a toujours craint les esprits critiques et créateurs.

Il suffit à ces curés-fonctionnaires d'obéir, de répéter ce qu'on leur enseigne, et de transmettre au peuple cette même soumission aveugle. Dans un système où la vérité et le pouvoir n'appartiennent qu'à l'autorité, il n'y a pas de place pour la démocratie, pas de place pour la liberté de penser, d'exprimer, de diverger d'opinion ou même d'élire ceux qu'on veut et d'exiger d'eux ensuite des comptes rendus.

La mortification et le sacrifice

Tous les fidèles devront donc apprendre à se réprimer, à se nier, à se mortifier. Ce dernier mot signifie: faire mourir à petit feu chaque jour désir, sensualité, aspiration à l'épanouissement, poussée sexuelle, besoin de tendresse, besoin d'exprimer ses émotions. Ce programme a été bien exposé et vécu par le carme Jean de la Croix, champion de la répression de soi. Thérèse de Lisieux, également de l'ordre des Carmes, a imité son ancêtre à la lettre: tuberculeuse, elle gelait dans son monastère non chauffé au cœur des rudes hivers normands, mais afin de souffrir davantage pour Jésus, elle refusait de demander une couverture supplémentaire. Il s'agissait de se détruire à force de souffrir, de se sacrifier, de s'anéantir. Cette névrose frôlant la psychose était louée et même couronnée – canonisée – par l'Église.

On avait oublié de dire à cette petite fille que tout amour prend racine dans le respect de soi-même, et que l'on ne peut aimer Dieu sans respecter tout d'abord son œuvre, c'est-à-dire le corps. Et on ne peut respecter celui-ci en le torturant volontairement. Il aurait suffi de recevoir les épreuves que la vie nous envoie, sans prétendre vouloir aller plus vite que la musique – comme l'ont fait Jacques Lusseyran et Etty Hillesum, tous deux victimes des camps de concentration. Il suffisait de s'abandonner complètement et sans réserve à la vie, de lui faire entièrement confiance.

Pourtant, plusieurs siècles avant le christianisme, les bouddhistes recommandaient déjà de ne pas pousser sur la rivière...

QUESTION n° 9:

Pourquoi la masturbation serait-elle mal?

En découvrant le corps, qui que nous soyons – homme ou femme –, nous avons tous été saisis par le plaisir et la libération que procure la friction des organes sexuels. C'est un plaisir analogue mais beaucoup plus intense que manger des mets délicieux, prendre un bain chaud, recevoir un massage ou se gratter quand la peau nous pique. Pourtant, aucun de ces plaisirs n'est perçu comme condamnable. Quant à moi, je me souviens, comme je l'ai raconté ailleurs, que ma première expérience de masturbation à 12 ans m'avait procuré une grande surprise, un sentiment d'expansion, en même temps qu'une jouissance complètement innocente, sans honte ni reproche, sans malaise ni doute. C'est en apprenant la condamnation de l'Église que mon expérience innocente s'est transformée en culpabilité. Et il m'a fallu de longues années et beaucoup de torture mentale avant de retrouver l'innocence du début. Avant de réapprendre à me faire confiance plutôt qu'à l'Église. À ce qui est naturel plutôt que surnaturel.

Un phénomène naturel

En effet, tous les jeunes sains de corps et d'esprit pratiquent la masturbation à l'adolescence et même plus tard. On peut certainement en dire autant des adultes, même une fois mariés. C'est un moyen tant de se détendre que de se donner du plaisir.

Mais avec la vague de droite religieuse qui a envahi même les catholiques, on s'est tourné vers une chasteté fanatique avec un sentiment de supériorité morale, tout cela basé sur la répression de soi. Témoins, ces jeunes que l'on a pu voir à Toronto, lors d'un Congrès mondial de la jeunesse (qui prétend mensongèrement parler au nom de tous les jeunes alors qu'il s'agit seulement des catholiques). Or, ceux-ci ressemblaient étrangement aux Aryens blonds de la brigade hitlérienne de naguère, ainsi qu'aux essaims de jeunes mormons, soit bien peignés, cravatés et éclatants de santé. Tous de droite, tous moralement purs, vierges et chastes, comme l'exige l'Église *à l'instar de tous les régimes totalitaires*.

En effet, le communisme et le nazisme obligeaient eux aussi à sacrifier sexe, valeurs personnelles et sentiments subjectifs pour l'avancement de la cause.

La droite dénaturée

Ces jeunes cathos enrégimentés dans l'armée du Christ veulent, comme l'exige *leur* pape, devenir «parfaits» – sans sexe, obéissants, sans questionnement, sans jugement personnel, c'est-à-dire des êtres impersonnels, vides, infantilisés –, des clones moraux. Non seulement on croit proposer ainsi un modèle de croyant pur et authentique, mais on voudrait du même coup sauver ce monde perdu en devenant comme ces esprits naïfs, incultes, sans expérience, pleins d'eux-mêmes et fanatiques de surcroît! Des jeunes qu'on a manipulés sans leur dire la vérité.

Mon ami Pierre, maintenant décédé, avait connu l'angoisse d'avoir à se confesser de ses masturbations, sous peine de ne pouvoir communier. Ses fautes s'empilaient toujours malgré les confessions. Cela devenait invivable puisqu'à chaque confession il devait promettre de ne plus recommencer, c'est-à-dire mentir. Il commettait alors un sacrilège. À la fin, après avoir accumulé péché mortel sur sacrilège, il finit par se jeter dans l'alcool pour oublier sa torture continuelle. Quelque vingt ans plus tard, il en ressortait, amoché mais assagi, et surtout libéré de l'étau diabolique de l'Église, qui vous maintient dans la culpabilité pour avoir ensuite le privilège de vous sauver en vous disant combien forte est la grâce!

> *Qu'est-ce que cela nous apprend? Qu'en voulant écraser la nature, elle renaît de plus belle. On ne retient pas une marée ou un volcan.*
>
> *Même à travers l'asphalte, l'herbe finit par percer.*

L'amour de la vie

Un adage bouddhique dit que l'on ne peut faire du bien que si l'on est d'abord épanoui. J'ajouterais qu'on ne peut être épanoui que si on apprend à accepter son être tel qu'il est – corps, sensations, émotions, pensées, âme. Le bonheur d'être et l'amour de la vie sont les meilleurs signes de la présence divine et les meilleurs garants d'une vie généreuse, utile et heureuse. La pire injure que l'on puisse faire à la Vie et donc à son Auteur, c'est de mépriser ce qui nous a été donné et de ne pas en tirer du bonheur. Tout est donné pour s'épanouir et se réaliser. Jouir de son corps, de la nature, de la présence d'amis et d'amants, de la famille et des expériences sans limites que la vie nous propose, c'est la meilleure façon de dire merci. En revanche, se culpabiliser, s'en vouloir, voir du mal partout, c'est la meilleure façon de se rendre malheureux, de répandre du fiel, d'en perdre sa santé et même le sens de sa vie. Amour et culpabilité ne vont pas ensemble, pas plus que bonheur et peur du sexe.

Comment Dieu aurait-il pu vouloir nous tromper en nous faisant croire qu'une jouissance est une erreur? Comment honorer l'auteur si on méprise son œuvre? Ne vaut-il pas mieux faire de ses plaisirs des célébrations de la vie?

Car rien ne peut nous éloigner de Dieu ou de notre bonheur si nous faisons confiance à ce que nous sentons. On ne peut guère faire plus qu'aimer, avoir confiance en la vie et être heureux.

QUESTION n° 10:

Pourquoi l'Église condamne-t-elle les gays?

L'Église: une pépinière de gays

L'Église considère l'homosexualité comme une des formes les plus horribles du péché. Mais c'est elle-même qui provoque cette situation. Comment? Premièrement, en condamnant toute intimité entre les membres de son clergé de même qu'entre les religieuses – ce qui, bien sûr, ne fait qu'exciter et exaspérer les désirs érotiques. Deuxièmement, en ne reconnaissant pas que ses séminaires, ses palais épiscopaux ainsi que ses curies sont des pépinières d'homosexualité, par leur fermeture sur le monde extérieur, leurs règles sévères et leur promiscuité masculine.

Il est tellement facile pour un prélat d'entretenir ses tendances homosexuelles lorsqu'il a comme secrétaire un beau jeune séminariste: personne ne peut savoir ce qui se passe dans la curie, dans le presbytère ou dans le palais épiscopal et encore moins dans une communauté religieuse. Surtout que l'Église, pour défendre son image, fait tout pour camoufler ou faire oublier ses frasques internes.

L'état et l'acte

En 1986, le cardinal Ratzinger, le gardien de la moralité catholique, déclare que si l'homosexualité en tant qu'état n'est pas encore un péché, c'est tout autre chose pour un acte homosexuel. (Quel sot raisonnement! À quoi servirait et que pourrait signifier le fait d'être gay ou hétéro [ou encore catholique] si cela n'impliquait pas les actes qui suivent? Comment imaginer qu'on puisse avoir l'un sans l'autre?)

Mais cette réaction de bigote, très représentative de toute l'Église, a ses raisons. *Voici d'abord pourquoi celle-ci craint le monde gay.*

Selon l'Église, toute sexualité doit conduire vers la procréation, et comme ce n'est pas le cas pour les gays, leurs actes sexuels sont, par conséquent, condamnés comme étant contre nature et, donc, des péchés mortels. (Augustin n'est pas loin!) La sexualité ainsi que le plaisir qui lui est attaché ne sont ainsi permis que strictement encadrés. (Il ne faut jamais oublier que c'est le plaisir érotique [avec la liberté de pensée] qui constitue la bête noire de l'Église.)

Et pourtant:

1. On sait qu'il y a au moins 400 espèces animales* où ces pratiques existent: sont-elles pour autant contre nature? Le Vatican aurait besoin de réviser ce qu'il entend par loi naturelle: il en est encore à l'époque de Thomas d'Aquin et d'Aristote. Cela rappelle une autre interprétation idiote: celle de saint Paul, pour qui «la mort est le salaire de vos péchés». Autrement dit, «vous mourrez non pas parce que c'est la loi naturelle, mais parce que vous êtes méchants». Est-ce à dire que les animaux, les oiseaux, les insectes et les plantes mourraient également parce qu'ils auraient péché? Et s'ils meurent à cause de nos péchés (comme le croit sans doute l'Église), pourquoi ne cesseraient-ils pas de mourir quand nos péchés sont enlevés par la confession?

---

* Voir à ce sujet mon livre *Vivre sans plafond*, aux Éditions Quebecor.

Quel contraste avec Marc Aurèle et Épictète, deux sages romains et, bien sûr, non – chrétiens qui, tenant la mort pour une chose naturelle, trouvaient infantile qu'on la craigne!

2. On sait aussi que l'Église permet à des hommes et à des femmes ayant dépassé la soixantaine de se marier et d'avoir des relations sexuelles, alors qu'ils n'ont aucune chance de procréer! (L'Église, plénipotentiaire comme l'est aujourd'hui l'Amérique, fait ce qu'elle veut avec les règles et les lois, pourvu que ça lui convienne.) Cela nous rappelle le principe émis par Lord Acton: «Tout pouvoir corrompt et tout pouvoir absolu corrompt absolument.»

Même les psychiatres, pour la plupart d'éducation judéo-chrétienne, ont longtemps cru que l'homosexualité était une maladie, une anomalie psychophysique, et ce n'est que depuis une vingtaine d'années seulement qu'ils ont commencé à voir clair. On remarque ici à quel point le monde élevé dans cette culture peut avoir peur de la sexualité, surtout celle des gays, au point que même des soi-disant scientifiques y perdent les pédales...

Et maintenant, la deuxième raison qui lui fait craindre les gays: l'Église est un monde de machos. Un monde où pourtant les hommes s'habillent encore en robe (dans les communautés, les curies romaines et les évêchés de pays très catholiques) et où ils revêtent des costumes féminins pour célébrer leurs messes. Ils sont habillés en femmes tout en méprisant et en craignant celles-ci – souvenirs d'Ève la tentatrice! – comme ils méprisent en eux-mêmes leur côté féminin. Et, pour compliquer encore davantage la situation, ils servent une mère qui s'appelle l'Église. Une famille où les sexes sont aussi embrouillés que les idées sur le sexe.

Le mâle refuse son côté féminin

On sait déjà que les hommes qui se prennent pour des mâles durs et musclés méprisent et persécutent les gays. Ils ont peur de leurs propres dispositions féminines, peur surtout de les nourrir et de les laisser paraître. Et comme l'Église est un monde d'ambiguïtés et de faux-semblants, de paravents et de fuites – peut-être encore plus que les autres gouvernements –, son état-major (mâle) ne veut surtout pas laisser croire qu'il y a chez lui quelque tendance féminine. Alors, on parle aussi fort qu'on le peut contre tout ce qui est gay. Pourtant, avec leurs gestes qu'ils veulent élégants mais qui sont inconsciemment efféminés, avec leurs sourires angéliques, leurs voix mielleuses et leurs propos qui n'appartiennent pas du tout au monde masculin ordinaire, les membres du clergé nous font difficilement croire qu'il n'y a pas chez eux de tendances et même de pratiques gays.

Mon expérience des religieux

Je sais qu'il en est autrement, étant donné que j'ai vécu 34 ans en communauté et que j'ai exercé pendant une vingtaine d'années du ministère (retraite, triduum, direction spirituelle, confession) auprès de prêtres, de frères et de religieuses. Il m'était devenu évident que la sexualité qui les rongeait et qu'ils réprimaient était tant d'orientation gay qu'hétéro. J'ai également connu des curés qui demandaient à leurs servants de messe de leur servir de *serins*. Certains curés de paroisse (dans le Bas-du-Fleuve) ont même entretenu ainsi des secrétaires mâles (que j'ai connus) dont ils payaient les études pour ensuite les lâcher lorsque s'annonçait une pâture plus fraîche. Mais comme tout cela se passait à la campagne et qu'il fallait toujours maintenir le look d'une Église pure et chaste, personne ne parlait. D'autant plus que le fait d'accuser un prêtre était à l'époque un crime impardonnable – aussi grave que d'en frapper un.

Aujourd'hui, je reconnais dans les bars du village gay plusieurs curés de paroisses éloignées qui viennent se faire frotter par des petits jeunes et qui partent avec un sourire angélique en plus (et l'argent de la quête en moins)!

Qu'est-ce que tout cela nous apprend? Qu'il y a autant de gays dans le clergé qu'ailleurs (10 %) et qu'il n'y a pas d'écran (vœux) ou de protection (vocation et obéissance à l'Église) efficaces contre les poussées de la nature.

Même à travers l'asphalte, l'herbe finit par percer.

Lorsqu'il y a un cas d'homosexualité parmi les prêtres, l'Église s'arrange pour couvrir l'affaire et ne pas alerter les paroissiens. Mais ce qu'elle ne veut surtout pas, c'est nuire à l'image de l'Église. Sauvons tout d'abord l'Église: on peut toujours sacrifier des personnes, pourvu que l'Église ne souffre pas dans son prestige.

Il faut faire ici deux mises au point:

1. *L'homosexualité ne naît pas uniquement ou tout d'abord du fait que des hommes ou des femmes vivent ensemble.* C'est une disposition congénitale, qui ne dépend pas de l'environnement. Il est vrai que dans certains groupes, des prisonniers par exemple, des personnes s'adonneront aux pratiques gays à force de vivre ensemble, mais cela est circonstanciel. À la sortie, on pourra retrouver ses vraies tendances.

   Cependant, le véritable gay l'est déjà avant même qu'il s'en aperçoive et le demeure *malgré* et non *à cause de* l'environnement. Dans bien des cas, cela entraînera beaucoup de souffrances à cause du rejet de la famille et du milieu. C'est un état qu'il est inutile de vouloir nier ou de vouloir «guérir» comme s'il s'agissait d'une maladie. Pour le gay, l'homosexualité est une disposition naturelle et non contre nature, tout comme on est né ambidextre ou gaucher, Noir ou Algérien.

   On entend souvent dire des gays qu'ils n'ont pas choisi leur sort. En effet, ce n'est pas leur «petit moi» qui l'a choisi. C'est l'âme qui choisit cet état avant de s'incarner, afin d'y apprendre une série de leçons particulières. Il s'agira pour l'individu de s'accorder avec la vie qu'il est appelé à vivre et dont il peut tirer de grandes choses. Qu'on se rappelle les Léonard de Vinci, Michel-Ange, Raphaël (peintres et sculpteurs), les Sappho, Platon, William Shakespeare, Marcel Proust, Tchaïkovski, Thomas Mann, Wittgenstein, Walt Whitman, Oscar Wilde, Tennessee Williams, André Gide, Julien Green, Jean Genet, Yves Saint-Laurent, Rainer Werner Fassbinder, Paul Verlaine, Arthur Rimbaud, Jean Cocteau (artistes, penseurs, poètes et écrivains). Dans la vie, il s'agit de tout utiliser pour se réaliser, pour créer de la beauté, de l'harmonie, de l'amour. Le type de sexualité importe peu ici: c'est le talent, le souffle, l'audace et la générosité qui comptent. Pas tout d'abord l'orientation du sexe mais l'orientation du cœur.

2. *L'homosexualité n'a aucun lien avec la pédophilie.* Celle-ci est une maladie et un crime, alors que l'homosexualité n'est ni l'une ni l'autre. Et ce n'est pas parce que l'on est gay que l'on pratiquera automatiquement ou éventuellement la pédophilie. Par conséquent, le clergé américain s'est mis le doigt dans l'œil en croyant que ses cas de pédophilie étaient sans doute dus à la tendance ou aux habitudes gays de certains prêtres ou frères. Cela n'a rien à voir. Quand on ne veut pas assumer ses responsabilités, on cherche toujours un bouc émissaire.

En somme, le clergé américain s'est complètement fourvoyé:

- En n'ayant pas le courage de se regarder en face ou de reconnaître ce qu'il avait toujours caché, croyant qu'il fallait sacrifier la nature pour plaire à Dieu;
- En n'ayant pas la sagesse de distinguer pédophilie et homosexualité. Il fallait livrer à la justice ces prêtres pédophiles qui sont des criminels, et reconnaître que l'homosexualité est une réalité chez eux comme ailleurs,

que loin d'être contre nature, elle est simplement une autre façon d'aimer.

Mais une telle transformation du regard n'est guère possible dans un clergé aussi obsédé par sa prétention à la supériorité morale.

Qu'est-ce que cela nous apprend? Que chez les prêtres il y a autant de criminels et de personnes dérangées que dans la population en général. Autrement dit: la fameuse «vocation» n'est pas une garantie contre les désordres de la nature.

Même à travers l'asphalte, l'herbe finit par percer.

Jeunes et vieux

Il est vrai que plusieurs relations gays auront lieu entre gens de différents âges – des hommes grisonnants avec des jeunes, des femmes mûres avec des jeunes filles –, mais cela n'est guère différent de ce qui se pratique chez les hétéros, où il est connu que les hommes grisonnants sont friands de petites filles et attirent même les jeunes adultes, comme certaines riches héritières aiment s'entourer de gigolos. N'oublions pas que toutes les relations amoureuses se ressemblent plus qu'elles ne s'opposent. Les peines d'amour, les jalousies, les attitudes possessives ou dépendantes se trouvent autant chez les hétéros que chez les gays.

Et pourquoi? Parce que l'amour vrai reste difficile à atteindre pour tout le monde. Finalement, l'orientation sexuelle n'est pas tellement importante si l'on arrive à aimer. Et c'est de cela après tout qu'il s'agit, ne l'oublions pas. Il faudrait cesser de mettre l'accent sur l'orientation sexuelle et regarder davantage les qualités du cœur et la croissance de l'âme. Le reste deviendra alors secondaire.

Le gay caché

Du reste, l'homosexualité n'est pas toujours extérieurement évidente: vous seriez surpris de vous voir présenter certaines personnes que vous avez cru être hétérosexuelles. Une bonne proportion de gays ne le paraissent pas, et ce, sans faire d'efforts, sans essayer de donner le change. Il y a bien sûr un pourcentage d'efféminés et de maniérés qui hélas! donnent souvent un mauvais nom au monde gay, mais vous avez également chez les hétéros des *babydolls* et des supermachos, des *playboys* et des *bunnies*. Il y a cependant un élément qui distingue les hétéros: ils cachent davantage leurs extravagances, pour conserver leur look «politiquement correct» (un peu comme le clergé?), auquel ils tiennent beaucoup plus que les gays, davantage insouciants et décontractés.

QUESTION n° 11:

Les prêtres gagneraient-ils à être mariés?

J'ai connu des prêtres mariés de l'Église orthodoxe. Ils avaient des enfants, vivaient des vies ordinaires avec les problèmes de tout le monde et, à cause de cela, étaient convaincants dans leurs discours. Ce serait donc utile et sage de laisser faire tous les prêtres et religieuses qui veulent se marier ou emménager avec quelqu'un. Ils verraient que la vie des gens ordinaires est plus difficile que la leur en même temps que plus normale et gratifiante. Ils verraient aussi que vivre en couple n'est pas aussi rose qu'on le prêche. Ainsi descendus de leur piédestal, ils cesseraient de se prendre au sérieux, de se voir supérieurs et vertueux. Connaître l'amour et les vicissitudes de la vie de couple leur serait donc un enseignement précieux, même indispensable.

En vivant contre nature comme le fait le clergé, cela pousse toujours cette même nature à reprendre ses droits, et de la façon qu'on ne saurait ni prévoir ni contrôler. En revanche, suivre la nature, c'est respecter la sagesse que Dieu y a placée. (Le déroulement de la nature et des événements de la vie est une expression de ce que la religion a toujours appelé «la volonté de Dieu».) Il faudrait qu'enfin cette mascarade de vertu et de supériorité cléricale cesse de berner les gens.

> *Proclamons-le haut et fort: aucun humain n'est supérieur à l'autre et n'a le droit de se donner en exemple. Plus on pratique l'arrogance de se croire choisi par Dieu et plus on agit contre les lois de la vie. Plus aussi on suscite des réactions de mépris et d'intolérance (le cas d'Israël en est un exemple flagrant). En revanche, lorsqu'on prend sa place dans la famille humaine comme un de ses membres et rien de plus, on apprend les vraies leçons de la vie et, surtout, on se reconnaît sans voiles, on s'accepte plus volontiers. Car c'est la connaissance de soi-même qui libère et non pas la connaissance de la théologie ou d'une bible quelconque, aussi bien traduite qu'elle puisse être!*

Cependant, si le clergé avait la permission de se marier ou d'avoir des relations amoureuses, il ne faudrait pas croire pour autant que les prêtres qui sont gays cesseraient de l'être, puisque, comme je l'ai dit précédemment, ce ne sont pas les circonstances extérieures qui font qu'on est vraiment gay, mais les dispositions naturelles qui vont même à l'encontre du milieu environnant. Le mariage ne change pas la nature. Il n'est pas sûr qu'il puisse l'améliorer – pas plus du reste que le sacerdoce, comme on l'a trop bien vu!

Les femmes dans l'Église

Si les femmes pouvaient jouer le rôle des prêtres – qui, malgré leurs prétentions, n'ont reçu aucune marque divine indélébile appelée «caractère sacré» et qui, loin d'être fondés en droit par les Saintes Écritures, n'accaparent les rôles importants de l'Église uniquement parce que celle-ci a toujours cru que les mâles étaient seuls à pouvoir servir Dieu comme ses ministres, les femmes n'étant bonnes qu'à servir les curés ou à assurer la progéniture –, si donc les femmes pouvaient enfin jouer les rôles de cadres dans l'Église, celle-ci changerait radicalement et pour le mieux. Voyez-vous cela, une femme sur le trône de Pierre et des femmes évêques, des femmes prélats, des femmes curés dans le monde entier? Et des femmes de toutes couleurs, par-dessus le marché! Ce ne serait certainement plus l'Église que l'on connaît, et peut-être que ce ne serait plus l'Église tout simplement: son temps de contrôle, de prétention et d'intolérance aurait cessé. Et l'Église pourrait-elle vraiment exister sans ces caractéristiques rendues indélébiles par l'usage?

L'Église, incapable de changer

De toute façon, cela ne changera pas et les femmes seront toujours tenues à distance. L' Église va continuer avec son petit train-train, aussi arrogante que masculine, aussi injuste que sourde envers ceux qui pensent librement et veulent être fidèles à eux-mêmes, aussi intolérante qu'insensible vis-à-vis du plaisir, du sexe, de l'amour, et aussi incapable d'accepter dans ses rangs la démocratie que le syndicalisme. L'Église en a trop à défendre. Elle est prise dans le ciment de ses dogmes. Elle prétend libérer les âmes et ne sait même pas se libérer elle-même de son passé. Son principal obstacle: elle se croit choisie par Dieu, qu'elle dit représenter mais qu'elle remplace carrément. C'est ce qu'elle prétend être son privilège qui s'avère être sa perte.

Elle a oublié l'évangile devenu complètement méconnaissable. «Le Pape fait ombrage au Christ!» criaient éloquemment les chrétiens hollandais lors de la visite papale. Jésus n'a certainement pas voulu cette Église que nous connaissons. Il prêchait la simplicité, l'écoute, la spontanéité et l'intériorité. Il n'a jamais enseigné ce que l'Église professe: la richesse, le refus d'écouter les critiques du peuple, l'arrogance de se croire seule à détenir la vérité, la façade, le luxe, le pouvoir et le mensonge. Depuis qu'elle est installée, l'Église n'a jamais eu besoin de chercher: elle croyait tout savoir, tout dominer et pouvoir tout condamner. (Un frisson nous parcourt le dos en voyant combien l'Amérique de M. Bush évoque cette image de l'Église et s'engage sur la même pente qu'elle!)

Pas d'espoir pour l'Église. Maintenant qu'elle a écumé tout l'Occident en le trompant, elle se tourne vers les pays pauvres et ouverts à ses promesses de salut – les enfants de l'Afrique, de l'Amérique latine et de l'Europe de l'Est, qu'elle espère dénaturer suffisamment pour en faire des êtres «parfaits», c'est-à-dire obéissants, chastes, impersonnels et intolérants. (N'oublions pas qu'il s'agit toujours pour elle de construire le monde divin sur l'anéantissement de l'humain.) Ainsi, son ravage va se répandre de par le monde comme une désertification systématique.

L'Église ne peut changer: ce serait avouer qu'elle s'est trompée. Pour comprendre cette impossibilité, il suffirait d'imaginer un instant le Pape en train de désavouer tout ce qu'il a affirmé et écrit depuis le début de son règne! Qu'arriverait-il alors? Les évêques, affolés, le déclareraient fou... et le remplaceraient le jour même. The show must go on!

QUESTION nº 12:

Les préjugés sur le sexe ont-ils diminué?

Il est très difficile de faire ici une évaluation objective. Mais on peut tirer certaines données des films, des nouvelles, des *talk-shows*, des téléromans, des magazines et des publicités sur Internet. Cependant, c'est mon expérience qui me renseigne le plus. Selon moi, les préjugés vis-à-vis de l'activité sexuelle ont certainement diminué, en ce sens qu'on en parle volontiers, on s'expose, on discute de tous ses aspects, sans honte et souvent même avec autant de vulgarité que de familiarité. On se défoule, on a mis de côté règles, principes et convenances. Oui, décidément la sexualité est devenue chose publique, sans mystère.

Du même coup, on a complètement perdu le sens de l'intimité, du secret d'une expérience aussi intérieure que physique, qui engage l'âme même. On a perdu le sens de la vie privée, on oblige tout le monde à raconter en détail sa vie sexuelle, sa jouissance, ses fantasmes, la forme de ses organes génitaux, la fréquence des actes. On n'existe plus à moins d'être vu, sondé, exposé, vidé. Comme si on voulait vivre constamment filmé!

L'homophobie

Il y a cependant un autre domaine où les préjugés de la population en général sont demeurés très ancrés: celui de l'homosexualité. Cela revient à ce qu'on disait dans la question précédente: la personne qui ne reconnaît pas son côté complémentaire (masculin ou féminin) sera dérangée de voir un homme efféminé ou une femme macho. Ceux qui se croient virils parce qu'ils ont des muscles boursouflés, jurent, parlent fort et s'imposent vont mépriser ceux qui leur apparaissent trop féminins.

Il suffit de n'avoir jamais rencontré sérieusement un gay pour garder ses préjugés. Si cela se faisait, on s'apercevrait qu'il est beaucoup plus semblable que différent des autres hommes. Au fond, le fait de découvrir une part de féminin chez un homme fait peur à la majorité de la gent masculine: ils sentent qu'ils ont eux aussi un potentiel féminin mais qu'ils seraient humiliés d'avoir à l'admettre ou à le montrer. Le simple fait de voir deux hommes se tenir la main les révolte. C'est une des raisons qui justifient le ghetto du village gay: gays et lesbiennes ne peuvent être eux-mêmes et manifester leur affection mutuelle dans d'autres lieux que dans les rues et les bars de ce quartier. Et aussi longtemps que ce sera la cas, Montréal (et encore plus le reste du Québec) n'aura pas à se vanter de son ouverture. Notre technologie est certainement très avancée, mais notre mentalité n'a guère évolué depuis plusieurs siècles.

Il y a là autant d'ignorance que de peur. On a tellement mal appris à se connaître et à s'accepter qu'il est difficile de sortir des sentiers battus, des stéréotypes. Ces préjugés de toutes sortes sont dus à un manque de connaissance de soi, à un refus de se reconnaître honnêtement. C'est là une chose que la religion ne nous a certainement pas facilitée en maintenant des préjugés sur à peu près tout: sexe, argent, amour, plaisir, science, Dieu. Mais toute véritable éducation est finalement de l'auto-éducation. On doit refaire ou défaire ce que l'on a appris et assumer sa propre vision du monde ainsi que sa façon de se réaliser. En cela, il n'y a pas de chemin tracé à l'avance, et tout ce que l'on a vécu auparavant de bon ou de mauvais devient simplement de l'engrais pour une meilleure croissance.

On ne peut donc accuser le passé, seulement apprendre de lui. Mais on ne peut apprendre de lui que si on cesse de rester pris dedans ! Et les préjugés sur le sexe des autres et sur leurs pratiques nous ramènent à l'époque du Néandertal.

Tout préjugé est dû à l'ignorance. C'est juger à l'avance [illegible] d'où le mot « pré-jugé ». Seule la vérification [illegible] expérience, peut remplacer l'ignorance [illegible], pour ensuite un jour nous ouvrir aussi [illegible] ptons de croître.

QUESTION n° 13:

Comment apprend-on à aimer?

Toute la vie est un apprentissage à l'amour. Cela ne veut pas dire que l'on va finir par s'embrasser tous sans arrêt. Sûrement pas: ce serait simplement de la sentimentalité! Mais cela peut vouloir dire qu'on devient de plus en plus capable d'embrasser la vie, toute la vie dans ses détails. Capable de vivre au quotidien avec les êtres – les humains, les animaux, les plantes, l'eau, l'air et la terre. La vie deviendra spirituelle lorsqu'elle retrouvera son vrai sens, un sens d'aventure, d'imprévu, de légèreté, d'abandon à un courant qui nous traverse tous et qui nous dépasse par son étendue, sa sagesse autant que par sa force. On apprend à aimer à mesure que l'on découvre qu'il y a en nous quelque chose qui se fait sans nous. Car l'amour ne nous appartient pas, il appartient à la vie. C'est l'amour qui agit en nous, ce n'est pas nous qui aimons. Notre être en lui-même est amour; c'est notre peur, notre besoin de posséder, notre manque de confiance qui nous empêchent de le voir.

Si l'absence d'amour dans le monde est ce qui est en train de le détruire de partout, c'est également vrai pour chaque individu: dans la mesure où ça n'aime pas en nous, c'est mort. Seul l'amour construit, seul il crée, seul il donne sens et valeur à toute aventure, à tout engagement. Chacun est l'Amour ignoré, caché. En attendant, on s'accroche à des «bebelles», à des personnes, à des corps, à des fortunes, se rendant vaguement compte qu'on a perdu l'essentiel qui est pourtant toujours là.

S'aimer d'abord

La tradition religieuse nous a toujours défendu de nous aimer parce qu'elle ne valorisait que l'amour des autres jusqu'à se sacrifier pour eux, et que tout amour de soi ne pouvait être par conséquent que de l'égoïsme – le pire des ennemis. Comme nous le disait le bréviaire des bigots, *L'imitation de Jésus-Christ*, «le moi est haïssable». Ou, pour paraphraser Léon Bloy, «ils croient aimer Dieu parce qu'ils se détestent».

Mais j'ai des nouvelles pour vous: on ne peut jamais faire un seul acte sinon pour son propre bien, quelle que soit notre sainteté. On cherche toujours à se faire plaisir tout d'abord. En cela, saint Thomas au XIIIe siècle et les sages Swami Prajnanpad et Jean Klein au XXe siècle se rejoignent tous. Et Jésus en avait fait le fondement de son principe d'amour: «Aimez-vous les uns les autres *comme vous vous aimez vous-mêmes.*» Cela signifie que c'est naturel de s'aimer soi-même et que c'est là qu'il faut commencer. Avec les préjugés religieux transmis par l'Église et dont on nous gavait comme des oies, on a fini par croire que ce qui était naturel, juste et divin, c'était de se détester soi-même pour ne favoriser que les autres. Il est incompréhensible qu'on ait rendu anti-naturel ce qui est naturel (s'aimer) et qu'on ait par le fait même rendu sur-naturel (divin) ce qui était anti-naturel (se détester)!

Si vous trouvez cela compliqué, rassurez-vous: je vous ai quand même épargné le tissu inextricable de l'apologétique, la morale et la théologie de l'Église. Celle-ci n'a jamais aimé les choses simples: c'est pourquoi aussi elle n'a rien compris au message de Jésus.

Se détester, c'est être égoïste

Revenons sur le préjugé que s'aimer c'est égoïste. Je vois cela autrement. Lorsqu'on ne s'aime pas, qu'est-ce qu'on fait? On cherche à tirer des compliments et des encouragements par toutes sortes de moyens: on quête l'admiration. On dira, par exemple: «Je me trouve si laide» ou «Je ne vaux rien dans ce travail», pour se faire dire: «Mais non, tu es très jolie» et «Arrête-moi ça, tu en vaux bien d'autres en ce domaine». En somme, on est préoccupé par soi-même, son image, son look, l'impression qu'on dégage, ce que les autres pensent de nous. Eh bien, ça c'est de l'égoïsme: une préoccupation exagérée de soi-même au détriment des autres. Alors que s'aimer dans le sens de s'accepter tel qu'on est permet justement de ne plus être aussi préoccupé de soi et de s'ouvrir à autre chose, d'aller vers les autres. De s'oublier. (Alors qu'un être qui ne s'aime pas et n'a pas confiance en lui ne peut s'oublier. Je le sais: j'ai passé ma jeunesse ainsi.)

Si vous savez vous aimer vous-même, vous avez là ce qu'il faut pour aimer les autres. Et ils le sentent. En revanche, si vous ne vous aimez pas, toute relation qui se voudra de l'amour va échouer. Pourquoi? Parce que le fait de ne pas s'aimer enlève ce qui donne à la personne son fondement, sa solidité, c'est-à-dire la confiance qu'elle a en elle-même. Rien ne se fait de bon sans cette confiance. C'est elle le premier fruit de l'amour, c'est elle ensuite qui permet d'entrer en relation avec quelqu'un.

La base: la confiance

En effet, l'amour est vraiment de la confiance. (Cela rappelle tout le langage qui contient le mot *foi* – se *fi*er, se *fi*ancer, avoir con*fi*ance, être mé*fi*ant, être *fi*dèle. Tous ces mots sont la condition pour qu'il y ait de l'amour.) Or, la confiance ne peut être partielle: si on n'a pas une complète confiance en soi, on ne peut aimer, car on ne peut même pas s'aimer soi-même. Cette règle vaut aussi pour les autres: on ne peut avoir une demi-confiance en quelqu'un: c'est tout ou rien. La confiance ne se coupe pas en morceaux comme une pizza.

Pour avoir confiance en soi, il faut deux conditions:

1. Accomplir de petits actes réussis et faire systématiquement le tour de tout ce qui est positif en nous;

C'est à force d'accomplir des actes réussis dans des choses très simples, comme faire son ménage, organiser son travail, écrire une lettre, utiliser une machine, rencontrer quelqu'un, rendre un service, assumer une responsabilité, qu'on s'apercevra qu'on n'est pas si bête après tout, qu'on a de la valeur, qu'on peut entreprendre des tâches plus difficiles pour enfin réussir sa vie.

2. Faire systématiquement le tour de tout ce qui est positif en nous. Il serait bon, en fin de journée, de passer en revue toutes les bonnes choses que l'on peut trouver en soi (on pourrait même les inscrire dans un journal intime): une ou deux qualités, un talent, une volonté d'avancer, les événements de l'enfance ou de l'adolescence qui ramènent des souvenirs heureux, où on se sentait bien. Il s'agit d'une cueillette qui finira par faire une gerbe.

Ces deux exercices – accomplir petit à petit des actes de réussite et garder en mémoire les bonnes choses en soi et dans sa vie – suffiront à changer graduellement notre vision de nous-mêmes, en passant petit à petit du négatif au positif, de la peur à la confiance en soi.

Le nerf de la vie

Je l'ai déjà dit: l'amour est le nerf de la vie: tout dans la nature est expression, déploiement d'amour. Tout est en communion, en échange, en relation; tout est relié, se tient comme les organes de notre corps. Les choses, les vivants, les énergies de l'Univers forment un ensemble, une famille, une communauté. Chaque chose à sa façon montre une dimension de cet amour illimité, de cette âme commune, de ce que les Amérindiens appellent le Grand Esprit qui baigne tout et qui est au cœur de notre être.

Aussi est-il naturel que les grandes traditions aient toujours pensé que la source de tout cela – le divin – était amour. En effet, si les êtres ne veulent pas s'ouvrir aux autres, on ne peut former une famille, un univers, une communauté d'êtres. Nous sommes tous reliés, que nous le voulions ou pas. Les guerres et les conflits sont l'envers de l'amour. Ils montrent combien essentiel est l'amour: les voisins se déchirent lorsque l'amour se met à manquer, comme une terre se dessèche quand l'eau vient à manquer. Soit qu'il y ait de l'amour, soit qu'il y ait de la guerre. L'amour n'est jamais en guerre.

Ce qui nous rassemble

Mais qu'est-ce encore que cet amour? C'est la reconnaissance de ce qui nous rassemble, nous tient ensemble, nous est semblable. Par exemple, tous les humains veulent vivre convenablement, avoir un emploi, une demeure, des écoles, un système de santé, un peu de paix et de bonheur. Tous souffrent, peinent et désirent. En cela, nous sommes semblables. Mais dès que l'appât du gain – toujours plus d'argent pour plus de pouvoir – s'empare d'un individu ou d'un groupe, on coupe les mailles qui tiennent ensemble ce monde, on déchire le tissu qui maintient tous les fils, tant entre les humains qu'avec les animaux, la terre et l'eau. (À elle seule, l'eau est ce qui permet aux êtres de vivre. Et l'amour, c'est une eau vive!)

Pourquoi voudrait-on toujours en avoir plus? À cause de la peur, c'est-à-dire le manque de confiance. La peur de manquer de l'essentiel et même du superflu, la peur de n'avoir plus de sécurité ou de certitude. À cause du manque de confiance dans la vie, dans cette source intarissable de vie qui nous anime et qui donne toujours ce qu'il nous faut, mais seulement au moment voulu, sans garantie à l'avance. Or, ce sont justement ces garanties qu'on voudrait se donner ou obtenir de la vie. Mais elle n'en donnera jamais. Sa générosité est infinie, mais c'est notre abandon – notre confiance – qui lui permet de nous combler.

La cause de cette peur, c'est de n'avoir plus l'assurance que désormais tout sera sûr et solide (ce qu'une Amérique désire désespérément, tout en devinant qu'il n'en sera pas ainsi pour elle plus que pour d'autres). Nous y revoilà: le manque de confiance. Et si on n'a pas confiance en la source intarissable qui nous habite, comment peut-on alors avoir confiance dans les autres qui sont soutenus, animés, activés par la même source?

La foi *est* confiance

La confiance, c'est ce que les religions ont appelé la foi, en tordant le sens du mot pour qu'il signifie uniquement la croyance de tel groupe. On ne parlait plus de confiance, mais d'appartenance religieuse. Or, il ne s'agit justement pas de religion, car toutes les religions se tiraillent et se chicanent comme autant de vautours autour d'une proie. Par leur désir de dominer, de gagner toujours plus de recrues – le fameux appât du gain –, elles transforment la confiance dans la source, en une guerre de chapelles et de *credos*. Si bien que la «foi» (système de croyances) de tel groupe n'est plus la «foi» d'un autre, et chacun s'efforce de gagner sur l'autre et même d'arriver à le détruire, comme on le voit dans le conflit entre la foi juive et la foi islamique, entre la foi catholique et la foi protestante en Irlande, entre la foi hindouiste et la foi pakistanaise. On est arrivé à créer un conflit dans cela même qui devait nous unir – la confiance dans la vie, dans la source unique qui nous tient en vie. Et on a entretenu ce conflit en se convainquant que la Source éternelle était une personne, un humain grand format, un parent céleste qui nous appartenait et qui ne favorisait que nous.

Ce n'est pas la foi en une religion qui sauvera le monde de ses divisions, c'est la confiance pure et simple dans la vie. Et on n'a pas besoin de religion pour avoir la confiance.

QUESTION n° 14:

Quel est le rôle de l'âme dans l'amour?

L'âme est la dimension cachée, intemporelle et impersonnelle en nous, qui anime le corps et tout ce qu'il contient. Ce qui anime (de *anima* en latin) n'est pas ce qui est animé, l'âme n'est pas un corps. Elle n'est pas limitée comme lui et n'est pas confinée au temps et à l'espace. Et lorsque l'âme vient sur terre et choisit d'habiter un corps, elle ne change pas pour autant de nature – elle demeure éternelle mais, comme dit le poète anglais Blake, «elle se marie avec les choses du temps».

Ainsi, chacun de nous apparaît comme un corps matériel et opaque, mais nous sommes plus que cela. Ce que nous sommes est caché, inconnaissable, mais on en est vaguement conscient, on sait quand même qu'il y a en nous cette centrale énergétique qui permet d'aimer, de créer, de découvrir et de croître.

On est tellement habitué à se voir les uns les autres comme des corps bien matériels, à croire que le corps c'est tout ce qu'il y a, que l'on finit par se convaincre que l'âme est une chose inventée, imaginaire, un gaz comme l'air. Pensez-y un seul instant: devant une personne aimée qui se meurt, vous sentez qu'il y a là une personnalité, une intelligence et un cœur aimant. Justement, cette personne est *animée*. Mais dès que survient le décès, le corps change d'aspect, se refroidit, devient autre chose – un cadavre, un corps *inanimé*, c'est-à-dire qu'il n'est tout simplement plus animé, sans âme. Ce qui lui donnait de la valeur et le rendait intéressant est parti. Et cette chose disparue ne serait qu'imaginée, inventée de toutes pièces? Allons donc: lorsque la vie n'y est plus, il n'y a plus d'intérêt. *C'est donc cette animation qui seule compte.* Le corps est devenu une coquille vide qui n'a aucun pouvoir en lui-même. L'essentiel s'est envolé. On peut maintenant disposer de l'enveloppe, que le langage liturgique a joliment nommée la *dépouille* – c'est-à-dire ce dont l'âme s'est dépouillée afin de s'envoler: le coquillage, la chrysalide.

Apprendre à aimer

Toute vie est un long apprentissage à l'amour. Sur cette terre, l'âme commence par apprendre à vivre dans le corps qu'elle a choisi, à s'exprimer à travers lui, à traverser les difficultés, les épreuves, les attractions, les passions et les contradictions. Cela peut lui prendre beaucoup de temps avant de se rappeler qui elle est derrière ce corps, qu'elle n'est justement pas ce corps, qu'elle n'est pas limitée à cet enclos. Mais ce n'est qu'après s'être identifiée à la matière, à la sexualité et à l'appât du gain, qu'elle peut commencer à s'éveiller à elle-même.

Apprendre à aimer en même temps qu'à se libérer prend beaucoup de temps, et l'ensemble des gens n'arrivent même pas à s'aimer (c'est-à-dire à aimer) dans une seule vie. Leur âme reviendra pour tenter de nouveau l'expérience et apprendre un peu mieux. C'est le but de toute venue sur une terre qui est à bien des points de vue très inhospitalière. On vient apprendre à aimer, essentiellement.

La croissance de l'amour constitue le courant même de la vie. Cette vie nous apprend à connaître la peur, à savoir la dépasser. Vivre à fond la méfiance, la jalousie, la possessivité, l'esprit de vengeance pour ensuite aller plus loin. Cette traversée des bas-fonds est nécessaire pour apprendre à aimer, tout comme quelqu'un qui n'aurait pas souffert ne pourrait comprendre celui qui souffre.

Une fois que l'âme a parcouru toutes les expériences, elle peut enfin reconnaître dans le voisin une partie d'elle-même, elle peut voir que tout est relié en nous, entre les personnes et entre les vies que nous vivons. Et c'est l'amour qui crée ces liens, ou plutôt ces liens sont l'amour qui se déploie et se réalise à travers les étapes de la croissance.

Un amour particulier

Mais il faut aussi dire que l'amour dont il est question quand on parle de l'âme est un amour plus proche de l'amitié que de la passion romantique. Celle-ci est une forme adolescente d'amour, qui colle à la personne aimée, qui en dépend et n'accepte pas l'autonomie de l'autre. Alors que l'amitié est plus que cela: c'est la capacité d'être attentif à l'autre sans l'accaparer, de l'admirer sans l'envier, de lui être fidèle même dans des absences prolongées et de demeurer toujours dans la même confiance, la même transparence, sans avoir le besoin de toujours se voir ou de s'embrasser. L'amitié est plus forte que l'amour-passion ou l'amour-attache: c'est leur fondement même, ce qui leur permet d'exister. La vie est essentiellement un courant d'amitié qui parcourt, anime et transforme toutes choses.

Et c'est l'âme qui transparaît dans ce courant, alors que dans les amours romantiques (coup de foudre, vie sexuelle débridée, possessivité, conflits, déchirements, infidélités), on se nourrit davantage d'émotivité et de fantasmes et, à cause de cela, la relation demeure instable, la confiance et la transparence toujours menacées. Lorsqu'il y a une relation amoureuse qui connaît la stabilité, la paix et l'absence de dépendance mutuelle, on peut être certain que la relation s'est transformée en amitié amoureuse.

QUESTION n° 15:

Pourquoi y a-t-il aujourd'hui tant de séparations et de divorces?

L'individualisme

Je verrais plusieurs causes à cela, qui sont d'ailleurs reliées entre elles. Il y a tout d'abord un individualisme généralisé. Ce culte de l'individu, commencé au XVIe siècle, a fait ressentir son impact chez nous à partir des années 1920, pour culminer dans les années 1960, l'époque du nouvel âge, de l'individu-roi. (Ensuite, jusqu'à nos jours, c'est l'enfant qui a pris le trône progressivement.)

La mise en valeur de l'individu par rapport aux pouvoirs et leurs régimes a créé un je-m'en-foutisme, une désinvolture, un refus de se soumettre, c'est-à-dire une adolescence de plus en plus répandue. Si bien qu'avec le temps, la confiance dans les pouvoirs et les institutions s'est petit à petit perdue, remplacée par une méfiance et même une défiance à l'égard de l'autorité. (Il ne faut pas oublier non plus que ces autorités elles-mêmes participent à ce culte excessif du moi et qu'elles attirent et attisent les réactions adolescentes de la société.)

Les valeurs d'autrefois – la famille idéale, l'autorité du père, le dévouement et le sacrifice de la mère, la religion gardienne de toutes les vertus, le respect des lois – ont perdu de leur emprise. On contourne tout ce qui est imposé, convaincu que c'est cela la vraie liberté.

La surabondance

Avec l'abondance qui a transformé nos sociétés depuis les années 1950, les gens se croient tout permis et pensent pouvoir tout obtenir par l'argent. C'est plutôt à cette époque qu'a eu lieu la véritable ruée vers l'or dont on parlait au début du siècle. Car la richesse est devenue la valeur suprême: elle ouvre toutes les portes et, surtout, mène au pouvoir, méprisant du même coup les peuples demeurés pauvres et retardés. Car l'argent n'a pas de cœur.

C'est ainsi qu'avec un manque grandissant de respect à l'égard des règles du passé, celles du mariage et de la pudeur ont très rapidement pris le bord: on ne croit plus à la virginité, on ne s'offense plus d'avoir un enfant avant le mariage, de vivre en concubinage, de divorcer, de pratiquer l'échangisme, de se remarier plusieurs fois, de visiter régulièrement tripots, *peep show* et agences de porno. Même l'inceste et la pédophilie étaient secrètement répandues dans nos campagnes et paroisses à partir des années 1920 – l'époque des années folles, de la prohibition, qui s'est fondue à la période de la crise économique.

Le rêve américain

Ces idées de liberté éclatée étaient largement inspirées du rêve américain qui a fini par se répandre partout en Occident. On y disséminait une propagande faite de demi-vérités, surtout en ce qui regarde l'amour et la liberté. D'un côté, on répandait une conception adolescente de l'amour – un emballement romantique et une infatuation sentimentale valorisés par-dessus toute relation adulte. Ce supposé amour était avant tout une dépendance mutuelle et une quête de jouissance, sans intérêt pour des attitudes responsables ou des engagements adultes.

La conception de la liberté a souffert d'une tare semblable: être libre pour l'Amérique signifiait faire ce qu'on voulait quand on le voulait, en se fichant éperdument des autres et, si possible, des lois. C'est d'ailleurs l'époque où les citoyens ont commencé à s'armer. C'était aussi la promesse d'une liberté adolescente, irresponsable, sans respect pour autrui. Ces deux conceptions ont entraîné une baisse de discipline et de respect fondamental – de civisme – à tous les niveaux: non seulement on méprisait l'autorité, mais on décidait aussi de se bâtir une vie en marge de la loi ou contre celle-ci. C'était l'époque du pullulement des mafias, des gangs de criminels, des terroristes, des gangs de rue, et d'une fascination pour les «hors-la-loi».

Tout s'achète ou s'échange

Tous ces éléments ont fini par banaliser l'amour, le sexe, l'impudeur, la violence, la criminalité. Tout cela était devenu ordinaire, commun, vulgarisé. Tout finissait par s'acheter, le pouvoir autant que l'amour. Et lorsque l'intimité elle-même n'est plus sacrée, on ne peut s'attendre à ce que les liens d'amour vrai puissent se maintenir. Époux et amoureux ne verront plus leurs promesses comme engageantes, ils perdront ce qu'il y a de plus fondamental à toute relation: la confiance mutuelle et le sens de la responsabilité.

Aussi, faisait-on semblant de s'engager dans une relation, avec une intention secrète de fuir dès qu'arriveraient les difficultés. On allait entrer dans une époque où l'on ne penserait qu'à jouir et à consommer – tout deviendrait jetable, comme une huître que l'on écarte une fois qu'on l'a dégustée.

Tant qu'on n'aura pas retrouvé l'amour de soi – le respect de son corps, de ses valeurs, de la vie et de ceux qui dépendent de nous –, on peut s'attendre à ce que les relations stables ou authentiques deviennent de plus en plus choses du passé.

QUESTION nº 16:

Qu'arrive-t-il dans un couple si un seul évolue?

Cela dépend de la maturité de chacun. Si celui qui évolue peut endurer que l'autre n'évolue pas, il n'y a pas de problème. Mais il faut comprendre une chose: on n'est pas là pour éduquer l'autre. C'est à chacun de se prendre en main. Il n'y a plus ici de parents éducateurs. Si l'on s'attend à être pris en charge, on n'est pas prêt pour la vie de couple. Et si l'on ne veut pas avancer, l'autre n'est pas responsable, tout comme si l'autre se met à progresser, ce n'est pas dû à notre zèle missionnaire ou à notre supériorité spirituelle. C'est chacun qui est mené de l'intérieur en même temps qu'aidé par ses guides du monde spirituel. On demeure chacun en apprentissage continuel. Les unions ou les amours ne sont que des étapes et des occasions d'évoluer.

Qu'est-ce qu'évoluer?

Il s'agit d'être en croissance. Et l'un des signes qu'on est en croissance c'est qu'on laisse de plus en plus l'autre exister sans vouloir le changer ou même le faire croître. Sa croissance lui appartient. Ce n'est que lorsque la personne qui s'oppose à notre façon de vivre et de progresser, en nous empêchant d'agir librement, que l'on peut se poser des questions. Et l'une de ces questions est la suivante: sommes-nous assez décidés à poursuivre cette croissance pour endurer des obstacles ou des freins venant d'un autre?

Car la croissance dérange. Elle dérange la personne qui croît mais également celle qui ne veut pas croître. Celle-ci pourra même se mettre à colporter, à critiquer et à salir l'autre («non mais pour qui se prend-elle?»). À ce moment, on peut décider que la situation est allée trop loin. Il devient difficile de vivre avec une perception si différente que l'autre s'y oppose carrément. Si la friction est trop forte, l'aventure n'en vaut pas la peine. Après tout, on ne vit pas dans le seul but de réussir un couple. Et il ne faudrait pas se prendre pour un martyr ou un héros.

En revanche, cette tension peut être un test de maturité qui pourrait renforcer la personne en croissance et déranger l'autre juste assez pour qu'il se mette à son tour à se poser des questions sur son refus d'avancer. Comme je l'ai suggéré au début, ça dépend de la maturité de chacun.

La croissance qui dérange

Du reste, cette situation peut se produire à tous les niveaux de la société: dès que quelqu'un remue trop le *statu quo*, dès qu'il secoue les consciences, remettant en question les croyances et les coutumes établies, il deviendra la cible de la majorité. La foule n'aime pas être dérangée, elle n'aime pas que ce qui en fait une majorité – sa mentalité de troupeau – soit pointé du doigt. Elle ne veut surtout pas être démasquée. Aussi va-t-elle tout faire pour mater ou écraser celui qui dérange. C'est connu, ceux qui suivent le troupeau n'aiment pas l'individu qui leur montre justement qu'ils sont des moutons.

Mais on parle ici d'un éveilleur, d'une personne qui ébranle les convictions enracinées, d'un «empêcheur de tourner en rond» – ce qui est tout à fait utile dans un groupe ou une société qui a généralement tendance à s'enfoncer dans ses habitudes et à refuser de se renouveler. Dans un couple, toutefois, il faut respecter celui qui est plus lent. La personne qui voudrait changer l'autre parce qu'elle apparaît figée dans sa croissance montrerait par là même qu'elle ne respecte pas le rythme de croissance de l'autre. En réalité, elle n'aime pas son partenaire. Avec en geste pareil, elle ne serait déjà plus en croissance. C'est elle qui aurait besoin d'apprendre une leçon.

QUESTION n° 17:

Pourquoi y a-t-il des incompatibilités dans une famille?

Pour deux raisons. Premièrement, parce que tous les humains en groupe sont portés à diverger d'opinions et tous peuvent se laisser emporter par leur émotivité. Deuxièmement, parce que l'âme a choisi cette famille avant de venir sur terre et qu'elle en a accepté d'avance les conditions. Voyons chacune de ces deux causes.

Les divergences d'un groupe

Il est tout à fait naturel que dans une famille garçons et filles (et aussi les parents entre eux) se chamaillent. Ce ne sont pas là nécessairement des incompatibilités mais des frictions de tempérament et de points de vue, inévitables et instructives. Cependant, il peut arriver qu'il y ait vraiment un membre de la famille qui ne nous revienne pas du tout. Mais ce n'est pas différent de ce qui se passe dans n'importe quel groupe. Les frictions sont utiles pour avancer. En fait, on ne peut vraiment pas avancer sans elles.

Le choix préalable de l'âme

C'est l'âme qui choisit les parents et la famille avec lesquels elle va passer du temps sur terre. Ce choix est établi avec le concours de ses guides avant d'arriver ici; il se fait en fonction des leçons à apprendre. Il est donc normal que si elle traîne un problème non réglé dans une autre vie, par exemple un problème avec l'autorité ou la discipline, l'âme aura maille à partir avec ses parents dans cette vie-ci. Si, par ailleurs, elle a vécu une vie très gâtée dans une autre incarnation, elle pourra expérimenter la vie dans une nombreuse famille où elle devra apprendre à partager et à se priver. Dans tous les cas, la vie familiale sera difficile.

L'adolescent est porté à mettre cela sur le dos d'incompatibilités ou encore sur le fait qu'il n'a pas choisi de vivre avec cette famille. Mais ce serait faux: c'est le choix de l'âme, voilà tout – un choix que l'on oublie une fois pris dans la vie, croyant que ce qui mène en nous ce sont notre volonté et nos désirs, alors que c'est l'âme qui est l'animatrice et la responsable de cette incarnation. Notre petit moi prétentieux n'a rien à dire et a l'habitude de se plaindre.

Les préjugés contre le fait que c'est l'âme qui a choisi d'avance se propagent et se maintiennent au cours des générations, empêchant les individus de se prendre en main au lieu de toujours blâmer quelqu'un d'autre. Il y a encore beaucoup trop d'ignorance à ce sujet et la religion y a contribué, en ramenant tout à une réaffirmation simpliste: c'est la volonté de Dieu, comme si Dieu imposait sa volonté à la façon des autorités ecclésiastiques!

Si Dieu le veut...

QUESTION n° 18:

La vie de couple est-elle le but de la vie?

Encore la croissance!

J'y ai fait allusion précédemment. Non, on ne vient pas sur terre pour former un couple, se marier ou même pour avoir des enfants. On s'incarne pour entrer dans une aventure de croissance, qui commence dès le début et qui ne s'arrête pas.

Cela peut se faire en vivant seul, en couple (homme et femme, homme et homme, femme et femme), en se mariant ou en vivant en groupe. Aucune de ces situations n'est meilleure que l'autre. Ce ne sont que des façons de vivre, des choix que l'on fait suivant les goûts implantés dans notre personnalité et en accord avec les possibilités qu'offre la vie – des choix qui ont été prévus par l'âme comme moyens utiles pour avancer. Certains voudront connaître la vie de couple, mais demeureront toujours seuls, d'autres voudront après un essai de couple retrouver leur solitude, etc.

Tout cela n'est que des moyens pour apprendre des leçons, rien d'autre. Un peu comme la pauvreté et la richesse.

Il est également possible que l'on ait à apprendre certaines leçons en vivant avec quelqu'un et qu'on ait ensuite à le quitter, peut-être pour poursuivre l'apprentissage seul ou avec un autre.

Les liens d'amour

Cependant, les liens que l'on établit par l'amour profond, le mariage engagé ou l'amitié sincère nous demeurent pour toujours. Ceux qu'on a vraiment aimés, que nous avons profondément influencés ou qui nous ont particulièrement aidés, font partie du groupe d'âmes auquel nous appartenons en cette vie et après. À cause de son intensité et de sa profondeur, ce groupe ne peut être nombreux – guère plus qu'une douzaine. Ce sont les âmes qui sont liées ensemble – même avant de venir – et qui continuent de s'entraider même à partir du monde invisible.

Il ne faut donc pas s'en faire au sujet de notre mode de vie: l'important n'est pas avec qui ou sans qui l'on vit, mais que l'on soit toujours en croissance, en apprentissage, en ouverture. En croissant continuellement, en vivant dans la confiance et en acquiesçant au déroulement de la vie, on aide ceux qui nous entourent à supporter leur propre fardeau. Notre énergie, notre lumière les soutiennent et les éclairent dans leur destin.

QUESTION n° 19:

Si l'on a vécu des traumatismes, peut-on les guérir en couple?

C'est la connaissance de soi qui fait que l'on avance et qu'on se libère. Et on se connaît dans la mesure où on se regarde de l'extérieur, avec un regard plus détaché, plus objectif. Regardez votre enfance comme une chose que vous avez déjà vécue, complètement passée, au lieu d'y rester pris. Et si vous êtes capable de faire cela, vous en serez libre. Cependant, l'enfance comme expérience va demeurer en vous, mais en tant que richesse et non plus comme obstacle. Elle ne sera un obstacle qu'aussi longtemps que vous ne l'avez pas reconnue pour ce qu'elle est, par exemple, s'il y a eu des blessures, des traumatismes de la part des autres ou des actes malheureux commis par vous-même. Il s'agit de les reconnaître afin de les assimiler, de les épouser, pour qu'ils deviennent vous-même et cessent d'être des choses que vous ne voulez pas reconnaître, que vous voulez exclure de votre vie et qui traînent dans votre conscience comme des épaves.

À partir du moment où vous acceptez votre passé, vous vous connaissez déjà beaucoup mieux. Tout cela est désormais intégré en vous, au lieu d'être resté inconscient, se nourrissant de votre énergie comme un parasite, sans que vous vous en rendiez compte. Car le principe est clair: *ce qui n'est pas connu en vous (par ignorance ou par refus) finit par vous mener*. Quand une chose n'est pas acceptée, on ne se sent pas bien, on n'est pas entier, pas en harmonie. À ce moment-là, la relation avec le partenaire va être aussi malade que vous l'êtes – surtout si le partenaire n'a pas non plus assimilé ses propres démons.

Le couple n'est pas guérisseur

Ce n'est donc pas par le fait d'être en couple ou d'être avec une personne compréhensive que les traumatismes vont nécessairement se guérir. Prenez l'exemple des alcooliques: combien de leurs épouses avaient décidé qu'avec elles et grâce à elles, le problème de l'alcool serait finalement réglé? Et cela, bien sûr, ne s'est pas produit. Souvent même, l'épouse devra suivre une sorte de thérapie en assistant à des réunions de groupe tel que Al-Anon.

L'autre peut nous servir de miroir, de sorte que cela nous permettra de nous voir agir et, ainsi, de mieux nous connaître. Mais cela suppose un vrai miroir, et quelle personne est assez détachée, non intervenante, ne cherchant pas à influencer l'autre mais se tenant dans une attitude d'amour inconditionnel? Pour être efficace, cette personne devrait être une partenaire intégrée, libre et autonome. Et là alors, oui, la personne malade pourrait se voir davantage *sans subir de pressions*, et c'est cela qui pourrait lui permettre d'être elle-même.

Il reste que dans des cas de dépendances sévères (affective, au jeu, à l'alcool ou aux drogues dures), l'autre ne pourra vraiment aider. Il faut soi-même décider de se faire aider professionnellement ou par des groupes spécialisés.

Lorsqu'il y a eu des traumatismes graves – inceste, viol, abandon dans l'enfance –, il se peut qu'une personne *très compatissante en même temps que complètement autonome* puisse nous aider. Mais comme ces conditions sont difficiles à trouver en couple, il est toujours plus sûr de consulter des experts.

Ce n'est que dans le cas de blocages légers, de névroses – peur d'entreprendre quelque chose, manque de confiance, blocage sexuel, timidité ou sur-confiance – que l'autre peut nous aider, mais toujours avec les conditions mentionnées précédemment: pas de pression ni d'influence, mais un respect total. La raison est simple: on ne peut aider que si l'on se connaît et que si l'on est en paix avec soi-même. Pour cela, il ne faut pas se prendre pour un guérisseur.

Deuxième volet:

L'émotivité qui empêche l'amour

(conférence donnée à L'Annonciation)

QUESTION n° 1 :

Pourquoi faut-il se libérer des réactions émotives?

Ce que j'entends par «émotivité»

Avant d'aborder cette question, il faut commencer par s'entendre sur ce que j'appelle l'émotivité. Disons tout d'abord que l'émotion existe en nous à l'état naturel bien avant l'arrivée de la réaction émotive. L'émotion est en soi généreuse, ouverte à ce qu'il y a de beau et de grand, par exemple: la joie, le contentement, la tendresse, l'affection, l'admiration, l'émerveillement, la paix, la générosité.

Ces états de pure émotion ne produisent pas de trouble ou de dérangement en nous, comme le feraient les réactions de colère, de jalousie, de peur ou de crise hystérique. Ajoutons aussi que l'émotion pure ou naturelle dure en nous toute la vie, même si des déviations telles que les réactions émotives se présentent. Ce sont deux choses différentes et séparées: la pure émotion est juste et bienfaisante, les réactions émotives sont excessives et font souffrir.

Comment naît l'émotivité

Lorsque naît le bébé, il est complètement ouvert à la vie, son regard est émerveillé. Comme il n'a encore rien à défendre, il n'est contre rien et ne refuse pas, il accueille. Et pourquoi est-il dans cet état d'ouverture, de joie et d'émerveillement? Parce qu'il n'a pas encore de «petit moi» qui fait écran entre lui et le monde, c'est-à-dire qu'il ne se prend pas encore pour quelqu'un. Le bébé n'est pas séparé du monde, il fait un avec lui. Ils sont unis dans l'émotion pure. Pas encore de conflit avec la vie, pas encore de position personnelle à défendre, pas encore de souffrance émotive à endurer.

Mais cela change autour de deux ans et demi, lorsque l'enfant commence à se percevoir comme quelqu'un face au monde, face aux autres et face à ses parents. C'est le moment où il commence à s'affirmer par des mots comme «non» ou «moi». Il refuse ainsi ce qu'on lui propose – manger ses carottes ou son dessert, partager ses jouets avec sa sœur ou son voisin. Il commence à avoir une volonté personnelle – ce qu'il veut, ce qu'il ne veut pas; ce qu'il aime, ce qu'il n'aime pas. Cette attitude coupe la réalité en deux – lui et les autres, les plaisirs et les déplaisirs, les choses bonnes et mauvaises.

Avant cela, il se trouvait dans un état de sensibilité complètement ouverte au monde et n'était pas du tout préoccupé par sa petite personne. Tout d'un coup, le bébé est devenu capricieux, il boude, rechigne, se bute: il passe de la sensibilité ouverte sur l'extérieur à une attitude refermée sur elle-même. Il prend tout personnellement: la sensibilité s'est transformée en réaction excessive – ce que j'appelle l'émotivité.

Le refus de la vie

Ainsi, réagir de façon émotive, c'est résister à ce que nous envoie la vie, à ce que nous font les autres. C'est une attitude de refus, une réaction exagérée à ce qu'on n'aime pas de même qu'à ce qu'on aime. On défend son bien, on rejette ce qu'on croit nous faire mal ou nous nuire. L'émotivité est une préférence qui remplace une acceptation. Le «j'aime/j'aime pas» l'emporte sur «j'accepte, je suis content de ce que j'ai, de ce qui m'arrive», «j'aime la vie», «j'ai confiance».

En ce sens, la réaction émotive est malsaine et nocive, alors que l'émotion pure telle que la joie est un sentiment naturel et bienfaisant. Autre différence: la joie, la générosité et l'émerveillement produisent un apaisement, un repos, une libération, alors que la réaction émotive crée du désordre dans le corps: la respiration s'agite, on s'échauffe, on se met à suer, la voix s'étrangle, on rougit, on devient tendu et énervé, on perd le contrôle.

Le personnage

Récapitulons. Réagir de façon émotive, c'est agir avec son personnage qui se veut le centre du monde. C'est la réaction d'un orgueil blessé, d'une volonté égocentrique. On veut avoir raison et s'imposer. Quand je réagis de façon émotive, j'établis une position défensive ou offensive devant la vie et les autres. Comme je me sens menacé, j'ai peur; donc je me défends, j'attaque même avant qu'il y ait raison de le faire.

Autre point. Lorsque je réagis de façon émotive, cela m'empêche de voir clair, ma vision s'embrouille, devient partiale, affaiblissant du même coup ma capacité d'accueillir la vie. Je suis porté à chercher et à obtenir ce qui me plaît, ce qui valorise mon personnage, je veux défendre mon château fort et attaquer ce qui le menace.

La perte du jugement

Finalement, quand on est en réaction émotive, le jugement cède aux préjugés, le fanatisme s'éveille. On devient crédule, infantile, soumis à ce qui nous séduit et hostile à ce qui nous rendrait responsable. Nos passions nous mènent, nous ne sommes plus libres. Le monde et moi sommes alors divisés. L'harmonie que je connaissais comme enfant fait place au trouble.

L'émotion pure de la joie ou de l'émerveillement est un état naturel de l'âme, alors que la réaction émotive est le produit du personnage qui n'est jamais satisfait, cherchant toujours autre chose que ce que la vie lui présente. Il vit dans une fuite permanente vers le passé et vers l'avenir, incapable de rester en place, comme s'il marchait sur des charbons ardents.

L'écran du personnage

Pour résumer, disons que la réaction émotive est un regard trouble empêchant de voir la réalité telle qu'elle est. On voit tout à travers le filtre déformant de son petit personnage, son égoïsme blessé, ses prétentions, ses illusions. On ne privilégie que son point de vue, on ne voit que son intérêt. On veut avoir raison à tout prix. On ne peut s'avouer vaincu.

Si on se demande pourquoi on devrait se libérer de ses réactions émotives, c'est simplement pour être mieux avec soi et avec la vie, pour avoir une vue juste des choses, pour vivre en paix avec ce qui déplaît autant qu'avec ce qui plaît, pour se sentir bien même lorsque la vie ne favorise pas ses plans, sa volonté personnelle. En somme, c'est enfin connaître un peu de bonheur, car aussi longtemps qu'on reste dans ses réactions émotives, on va souffrir, et c'est nous qui faisons cela, pas la vie ni les autres. Nous seuls.

QUESTION n° 2:

Pourquoi l'émotivité fait-elle souffrir?

Lorsque je réagis de façon émotive à quelque chose qui me dérange – une remarque blessante, un geste déplaisant, une mauvaise nouvelle, une perte d'argent, un abandon –, ma respiration devient haletante, je commence à avoir chaud, ma vue se trouble. Que s'est-il donc passé? Mon univers a été ébranlé comme un séisme: je perds la paix, je vis de l'angoisse, ma colère ou mon impatience éclatent, je parle trop vite et je ne sais plus ce que je dis. Je suis affolé. Tous les signes indiquent que je suis mal en point, que je souffre.

Mon château fort – ma prétention d'être inattaquable et d'avoir raison – a été mis à sac. Mon illusion éclate au grand jour. Je vivais dans un mirage, je me faisais accroire des choses et rien de tout cela n'était fondé.

Il est certain que lorsque je vis une pure émotion comme l'émerveillement (devant un ciel d'étoiles, une rose, un petit animal) ou la joie pure en retrouvant une personne aimée, il n'y a que bonheur, épanouissement et générosité. Il ne nous vient même pas à l'idée de vouloir posséder ces choses, simplement on en jouit sans arrière-pensée. Tout cela se passe naturellement, spontanément, dans la détente et l'harmonie.

Le déchirement

Alors que s'il y a quelque chose que je déteste, qui m'agresse ou m'énerve, je vais commencer à m'échauffer, je vais me fâcher, dérangeant la paix autour de moi simplement parce que mon scénario – ma volonté personnelle – n'aura pas été respecté. Je sème le désordre en moi et dans le milieu. Je me coupe des autres, je m'enferme en moi-même, je boude et je me prends terriblement en pitié. Je ne me sens pas bien: je n'aime pas ce qui arrive et je ne m'aime pas davantage. Je suis déchiré.

Lorsque quelqu'un de la famille a été tué, violé ou enlevé, les parents se révoltent, veulent punir le malfaiteur, nourrissant leur haine et leur besoin de vengeance pendant des semaines et des mois. Ils ne vivent que dans la souffrance, car l'amour est remplacé par le haine et la peur, et lorsque l'amour est perdu, il ne peut y avoir que souffrance. Très souvent, on verra toute la famille exiger même d'être présente à la mise à mort du coupable, croyant que c'est alors seulement que justice sera faite, qu'il y aura satisfaction, que reviendra la paix. Mais il est évident que des sentiments aussi dénaturés vont habiter pour longtemps leur cœur et que les images de l'électrocution vont les hanter pendant toute leur vie.

La vengeance ne guérit rien

On ne guérit pas une blessure comme la mort de quelqu'un par la vengeance et la récrimination, on ne fait qu'envenimer la plaie, qu'empoisonner davantage son cœur. La violence d'une telle réaction émotive est aussi criminelle que l'acte qui l'a suscitée. On s'est enfermé dans la haine et la méchanceté, et cela est incompatible avec la paix intérieure, le bien-être et la joie que suggèrent le mot «bonheur».

On peut se croire satisfait de voir que justice est faite, mais comme on sait, la justice humaine passe souvent à côté des vrais responsables. Même si la culpabilité est évidente, la vraie justice ne peut être dans l'acte meurtrier de la chaise électrique. En fait, il n'y a pas de véritable justice sur terre aussi longtemps que l'on répond au mal par le mal.

C'est du point de vue de l'âme seule que la justice peut se faire: ce que j'ai fait d'injuste ou de destructeur me reviendra en entrant dans l'au-delà, et une fois confronté à mes actes, je deviserai d'un plan, avec l'aide de mes guides, pour réparer mes erreurs et le mal fait aux autres. Je serai alors amené à réparer, en revenant une autre fois sur terre, où je tâcherai de rendre le bien pour le mal en aidant quelqu'un – une personne qui ne sera pas le meurtrier d'autrefois mais un autre frère humain. Ainsi, la réparation se fera pour le mal en général, non par le malfaiteur à sa victime, mais à l'égard de quelqu'un d'autre. Une autre âme se chargera de réparer le mal fait à la victime, puisque tous forment finalement une seule famille et que tous sont à la fois offenseurs et offensés. C'est ainsi que justice se fera.

Ce n'est pas à moi de me venger d'un mal subi, autrement mon âme restera polluée par la haine de cette riposte. C'est ici que la sagesse du pardon prend tout son sens: seul le pardon peut rendre justice en réparant le mal par le bien. Mais le mal lui-même ne peut jamais réparer le mal, il ne fait que le perpétuer et l'accumuler au lieu de l'effacer.

L'objectif de mon livre?

QUESTION n° 3:

Pourquoi doit-on faire le deuil de ses peines?

La réaction émotive montre qu'on n'est pas en paix avec soi, avec les autres ou avec la vie. Mais dans certaines circonstances, comme les tragédies, les drames et les traumatismes – décès, divorce et inceste –, la blessure reçue est souvent trop soudaine et trop violente pour qu'on puisse l'accepter. On réagit alors par le refus, la colère, le ressentiment et un désir de vengeance. Pourquoi cela?

Je dirais que c'est parce que dans sa vie, on ne s'est pas habitué à faire le deuil des peines passées. En fait, aucune religion ou culture ne semble enseigner à ses fidèles ou ses citoyens comment vivre dans le présent, par un dépassement continuel des choses vécues. C'est un peu comme écrire au tableau noir: on ne peut écrire que si on a effacé ce qui s'y trouvait déjà. Même chose pour la vie: on ne peut vivre le présent en étant écrasé, hanté par le passé. Une chose à la fois. Vivre est un processus de croissance qui n'est possible qu'en réglant ce qui a déjà été fait afin d'aborder la situation présente.

Vivre, c'est faire le deuil

On ne nous a donc pas appris à faire constamment le deuil de ce qui a été vécu de pénible ou d'agréable. On vit dans la culpabilité (que la religion aime susciter afin d'assurer son pouvoir sur ses fidèles), dans le remords du mal commis ou dans le regret des belles réussites, des grands succès passés. *En somme, on ne nous a pas enseigné à vivre, c'est-à-dire à faire confiance à la vie présente, une fois apprises les leçons du passé.*

Faire le deuil est un geste essentiel pour se libérer du passé et arriver à vivre pleinement au présent. Il faut finir par se pardonner les erreurs et les omissions, pour ensuite tout laisser partir. Il faut regarder avec lucidité ses actes passés, ses drames et ses blessures, afin de pouvoir se consacrer à ce qui se passe sous nos yeux. Il faut arrêter de s'en vouloir mais également cesser de vivre de nostalgie en cherchant à retrouver ce qui est à jamais parti. La vie est un roulement qui ne s'arrête à rien et si on ne suit pas son rythme, on sera avalé par le passé.

Si on apprenait à faire constamment le deuil des choses vécues – événements de l'enfance, drames de l'adolescence, peines de divorce, grands abandons, petites trahisons, maladies, décès, pertes d'emploi et de fortune –, on trouverait moins inacceptables les épreuves à traverser dans le présent. *Justement, on aurait acquis l'habitude de faire le deuil du passé.* On serait moins étonné d'apprendre qu'un ami ou un proche est décédé, de voir arriver une maladie, un échec, une déception ou un drame. On serait plus aguerri, mieux préparé, plus au courant du déroulement des choses.

Tirer des leçons du passé

À force de se dire et d'enseigner aux autres qu'il faut à la fois vivre de souvenirs et penser le moins possible à ce qui pourrait arriver, on se prépare des désastres émotifs, des peines dévastatrices. Il ne s'agit pas du tout d'oublier simplement le passé – faire comme si ça n'avait pas existé et que ça ne devrait plus se produire. Non. *Ce qu'il faut, c'est tirer des leçons du passé, de ses épreuves et de ses drames, pour ensuite, une fois les leçons apprises, passer à autre chose.*

Il ne faudrait surtout pas nier le passé et vivre comme si on n'allait plus jamais rencontrer d'épreuves. (Comme lorsqu'on dit: «Jamais plus la guerre!») La vie est une danse improvisée qui nous mène où elle veut bien, sans qu'on puisse prévoir la tournure des événements. Le déroulement imprévisible des saisons en est un exemple. La vie exige une souplesse et une capacité de rester au présent, en faisant toujours le deuil de ce qui a été vécu. L'hier est passé, tous les hier sont passés: il ne reste toujours que l'aujourd'hui qui seul compte. Mais cet aujourd'hui, on ne le vivra bien que si on a largué les choses du passé, comme ces villes que l'on voit diminuer et disparaître à mesure qu'on les quitte en bateau. On s'en va vers l'inconnu, mais le connu – le passé – nous y a déjà préparés par à-coups, par petites touches.

Si, à mesure qu'on avance, on ne s'est jamais entraîné à faire le deuil de tout ce qui est passé, certains drames vont nous heurter de plein fouet et nous déstabiliser au point de sombrer dans une dépression, de perdre le sens de sa vie ou même le goût de vivre. On vivra alors un deuil par trop pénible parce qu'on ne s'est jamais formé à vivre tous ses petits deuils à mesure qu'ils apparaissaient. On va donc plonger dans la détresse et les larmes pendant le décès qui vient de se produire, le divorce qui est en marche, la maladie mortelle qui achève de détruire le corps, la mise à pied ou la faillite imminente. On vit ainsi de choc insupportable en choc inacceptable, de malheur soudain en désastre imprévu, au lieu de s'habituer doucement à apprendre au fil des jours comment faire le deuil des jours disparus, évitant d'être écrasé par la surprise de deuils encore plus importants.

C'est dans les petites choses qu'on prépare les grandes. C'est en nettoyant chaque jour ses peines passées – comme on le fait pour sa salle de bains ou sa vaisselle sale –, que l'on arrive à vivre ce qui se présente avec un esprit plus net et un cœur plus léger.

La vie nous donnera alors ce qu'il faut pour vivre l'événement difficile. La réaction à celui-ci sera moins émotive et moins durable, puisque la vie nous aura appris depuis des années à faire des deuils. Ainsi pourra-t-on éviter d'héberger, de nourrir, de chérir même ces réactions émotives qui rendent l'épreuve deux fois plus pénible et qui nous empêchent d'apprendre les leçons de la vie.

QUESTION nº 4:

Comment la réaction émotive peut-elle engendrer des conflits?

On sait déjà que la réaction émotive nous enlève la paix. Elle est l'étincelle qui allume et entretient les malentendus et les frictions. Il suffit pour s'en convaincre de voir ce qui se passe dans les relations de couple, dans les rapports parents-enfants, ainsi que dans les réunions politiques, sportives et religieuses.

Les relations de couple

Prenons tout d'abord les relations de couple. Ce qui suscite les chicanes de couple, ce n'est pas tout d'abord qu'il y ait deux sexes qui ne se comprennent pas, ou que les tempéraments diffèrent: ce sont les réactions émotives des deux partenaires qui se connaissent habituellement très mal. Si chaque partenaire ne reconnaît pas sa propre colère, ses ressentiments, sa culpabilité ou qu'il nie son besoin de toujours avoir raison, il va entretenir et exprimer toute une gamme de réactions émotives – bouderie, crise d'hystérie, colère orageuse, jalousie, vengeance, paroles regrettables.

C'est la méconnaissance de ce qui se cache au fond de nous et se nourrit à notre insu qui attise ces feux et prépare des conflagrations émotives. On s'en veut dès le début pour des pacotilles et on entretient cette sourde hostilité qu'on laisse éclater lorsque survient un événement jugé inacceptable.

Le personnage en nous qui est depuis longtemps secrètement blessé éclate en invectives, en calomnies, en reproches, en coups de poing ou même en lancement de projectiles, quand ce n'est pas davantage.

C'est ainsi qu'un tendre amour se change en divorce cruel, et que le lit de tendresse devient un champ de bataille...

Les relations entre parents et enfants

Dans les relations entre parents et enfants, ce n'est pas tout à fait la même chose, du fait que l'un des deux est un adulte. Du moins, c'est ce qui apparaît à première vue. Mais ce qu'on y trouve la plupart du temps, ce sont deux enfants. Car si le parent n'a pas appris à se connaître – à reconnaître ses passions, son égocentrisme, ses réactions émotives – mais croit que le fait d'être d'un certain âge et d'avoir produit un enfant lui octroie automatiquement la maturité et la responsabilité voulues, il demeure adolescent, sinon simplement infantile. *En effet, on reste enfant par la réaction émotive.* Et si le parent est porté à des sautes d'humeur, à des poussées d'impatience et de colère, il va susciter chez l'enfant des réactions émotives. Un tel parent n'est pas prêt pour l'éducation d'un enfant: il n'a même pas encore achevé (ou entrepris) la sienne.

La relation va devenir souffrante pour l'enfant, déchiré entre l'amour et la crainte, entre la confiance et la méfiance. On ne s'étonnera pas alors qu'il finisse dans un gang ou dans la drogue.

Les relations en politique

Quant aux domaines de la politique, du sport et de la religion, ce sont des foyers de réactions émotives. Les passions, le besoin de contrôler et d'avoir raison, l'appât du gain, l'appel à la dépendance et à l'esprit de clan, suscitent des affrontements et des conflits. C'est le sociologue Gustave Le Bon qui faisait remarquer il y a un siècle que dans une assemblée politique, sportive ou religieuse, à mesure qu'augmente l'intensité émotive, le niveau d'intelligence décroît. Et il voyait juste. Il suffit de se trouver pris dans une assemblée politique orageuse pour sentir combien il est difficile d'exprimer son désaccord devant le «oui» délirant de la foule. Il n'y a rien à dire devant une masse emportée: la raison perd ses moyens, même ses droits. L'émotivité charrie les esprits comme un raz de marée.

Les relations en religion

Même chose en religion: tout discours est teinté de parti pris, de conviction émotive, de fanatisme inavoué. Du fait que la base d'un corps religieux est la croyance en des vérités non vérifiées et généralement non vérifiables, il est difficile d'atteindre à une forme quelconque d'objectivité. Surtout s'il s'agit de groupes religieux divergents ou de différentes confessions – ultra-conservateurs contre modérés, protestants contre catholiques, juifs ou hindouistes contre islamistes. Chacun «tire sur la couverte», personne n'est vraiment ouvert à la vérité ou ne la cherche avec conviction: on en a trop à défendre pour être ouvert.

La structure du système, consolidé par des siècles de gloses, de commentaires, de durcissements, d'affirmations dogmatiques et de pratiques invétérées, a fini par boucher toutes les fissures et condamner toutes les issues. On est bardé de sécurité comme un général dans son bunker. Extérieurement, les associations religieuses ont une apparence des plus engageantes, mais dès que vous en touchez le nerf à vif, vous découvrez que tout baigne dans la réaction émotive, la peur de ne pas avoir raison, le besoin de tirer Dieu de son côté et de se croire détenteur de l'unique vérité. En fait, plus on parle fort, plus on veut faire oublier ses failles. C'est le fanatisme émotif et buté qui règne et non l'amour fraternel, encore moins la reconnaissance de ses torts.

Il n'est donc pas étonnant que les religions de toutes sortes aient allumé des guerres au cours des âges et partout sur les continents. La prétention d'être le seul groupe choisi par Dieu et, par conséquent, supérieur aux autres, est en soi une provocation: il n'est pas surprenant que cela attire les persécutions, les inquisitions et les tortures. Et si l'on regarde la scène contemporaine, on s'aperçoit que, de fait, tous les points chauds du globe sont allumés par des conflits religieux.

Les relations dans les sports

Il est évident que les sports sont une arène où passion et violence flamboient fréquemment et facilement. Cela est dû à deux enjeux: l'argent et l'orgueil du pays (défendu par l'équipe). Ils attisent spontanément les rivalités et les conflits, puisqu'ils se nourrissent d'émotivité. De nos jours, les équipes s'affrontent pour gagner et non plus pour s'amuser. C'est le cas même des Olympiques où l'innocence du jeu gratuit s'est depuis longtemps volatilisée. Coups bas, harcèlement du joueur étoile, violences de tous genres sont désormais permis et même admirés. La rivalité se transforme spontanément en haine. Même les *fans* dans les estrades participent à cette montée de fièvre. Pas étonnant qu'on y trouve des gangs aussi violents que des hors-la-loi et prêts à bousculer, à écraser, même à tuer ceux du camp rival.

Je pense que ces exemples suffisent à démontrer qu'en effet les réactions émotives mènent à toutes sortes d'abus et de violences, de conflits et même de guerres.

QUESTION n° 5:

Comment l'émotivité peut-elle affecter notre façon de penser?

Réagir de façon émotive, c'est réagir avec excès, c'est perdre équilibre et bon sens. En voici quelques exemples.

- Quand il fait froid, qu'il pleut ou fait mauvais, la réaction émotive sera du mécontentement allant jusqu'à la colère ou même la déprime. En effet, plusieurs croient qu'un temps de pluie est triste et morose. C'est pourtant une exagération: voyons, ce n'est tout de même pas parce que c'est mouillé ou gris que c'est triste!
- De même, réagir de façon émotive à la manœuvre du conducteur qui vous dépasse cavalièrement ou conduit comme un pied, peut vous déstabiliser au point de vous flanquer une de ces rages. (Il y a même eu plusieurs cas de chauffeurs qui ont assommé ou tué l'enquiquineur: la rage au volant ne fait pas toujours dans la dentelle!)
- Même chose devant une nouvelle imprévue qui bouleverse tout votre horaire, une lettre du bureau des impôts, l'annonce d'une faillite, la perte d'emploi, la perte de la garde de ses enfants. On devra s'asseoir, on va commencer à suer, on sera pris d'une colère incontrôlable, on pourra même se mettre à pleurer. On ne pense plus correctement. L'équilibre est perdu.

Dès que l'on est trop *pour* (on se cramponne et s'attache) ou trop *contre* (on refuse et déteste), on cède à l'émotivité.

Une attitude juste

Quelle pourrait être la réaction juste? Devant une température désagréable, on pourrait se dire: «Ce sera de la pluie toute la journée, mais on en a vu bien d'autres.» Devant les désastres financiers, une pensée équilibrée considérerait les choses avec un peu de philosophie: on a fait une erreur, on a voulu tricher ou quelqu'un nous a joué un sale tour et le résultat devait donc suivre logiquement. Il s'agit de regarder LES FAITS et non SA RÉACTION AUX FAITS. S'en tenir aux faits seuls sans romancer, sans en mettre plus qu'il n'en faut. On respire profondément pendant quelques moments, on avale à grandes lampées un grand verre d'eau froide, puis on va marcher longuement et lentement dans la forêt. La nature, elle, a le don de rétablir l'équilibre – de désamorcer la réaction émotive. Elle rétablit les rapports et les proportions. On peut toujours s'y fier. Elle sait guérir et calmer. Surtout les arbres: trouvez un grand arbre, embrassez-le ou collez-y votre dos, et après quelques minutes vous sentirez un apaisement profond.

Cela ne vous dispensera pas de revenir sur votre réaction émotive et d'y apprendre les leçons qu'il faut.

QUESTION n° 6:

Comment la réaction émotive empêche-t-elle de devenir adulte?

Devenir adulte n'est pas tout d'abord une question de taille! Le corps peut avoir atteint sa dimension maximale sans que la mentalité ou l'agressivité aient changé. C'est la croissance intérieure qui fait de nous des adultes: la connaissance de nos possibilités, limites et prétentions, l'ouverture à la vie qui change toujours, la présence aux autres, la capacité de penser par soi-même et d'être responsables de ses actes.

En revanche, ce qui caractérise l'attitude infantile, c'est une insouciance, une ouverture à la vie, un sentiment de joie et d'émerveillement, une confiance totale. Ces attitudes changent à l'adolescence: les prétentions du personnage se sont éveillées, on se cherche en même temps qu'on veut s'imposer, on ne tient pas à être comme ses parents alors qu'on leur ressemble de plus en plus et on sent bouillonner en soi désirs, passions, rêves et fantasmes.

L'immaturité fait qu'on est facilement ému, ébranlé par les difficultés, déséquilibré de façon émotive par les chocs de la vie, en particulier en amour. Surtout, on ne reconnaît pas ses limites, ce qui fait qu'on confond force et violence, amour et émotivité, courage et entêtement.

Le fait de ne pas reconnaître ses réactions émotives empêche de dépasser les attitudes infantiles. Encore une fois, on reste enfant (c'est-à-dire affectivement retardé), aussi longtemps qu'on est mené par son émotivité.

QUESTION n° 7:

Le fait d'être intelligent nous protège-t-il de l'émotivité?

Oui, si c'est vraiment de l'intelligence et non simplement un cerveau brillant. Je m'explique. Être instruit, c'est former et nourrir son intellect, sa capacité de raisonner et d'analyser sans nécessairement tenir compte des autres aspects de son être – son corps, sa sensibilité, sa sexualité, sa confiance en la vie, sa compassion envers les personnes souffrantes. Par exemple, un scientifique à succès pourra donner peu d'importance à ces derniers aspects.

Ce que j'appelle encore une fois de l'intelligence, c'est beaucoup plus que le travail du cerveau, plus que l'instruction ou le savoir. C'est la vibration de tout son être, la connaissance que l'on a de soi-même. C'est également la capacité d'entrer en relation avec les choses, de comprendre les liens qui nous rattachent à la nature et à la vie, de comprendre les désirs des autres et de savoir les écouter. Le mot «compréhension» est ici la clé. Non pas savoir de mémoire mais comprendre ce qui se passe devant soi, être capable d'entrer en communication. Comprendre ce qu'on est, la vie et ceux que nous rencontrons. C'est une affaire de liens, non de regard détaché pour mieux analyser et cataloguer des êtres. Finalement, de la sagesse plutôt que du savoir.

Si on est sensible à ce qui nous habite, si on se connaît assez bien, on verra alors le degré de son émotivité, on se rappellera comment on s'est laissé emporter par la colère ou le mépris. C'est cette intelligence-là qui nous protégera de l'émotivité, en ce sens qu'on sera conscient du moment où la réaction émotive aura tendance à éclater, comme la première toux annonçant un rhume.

QUESTION n° 8:

Comment l'émotivité nous garde-t-elle dépendant?

Si on ne reconnaît pas son émotivité, c'est elle qui va nous mener. Devant une personne d'autorité ou d'influence, on perdra ses moyens, on sera ému outre mesure. Même chose à l'égard d'un groupe bien constitué: on sera soumis, incapable de penser par soi-même, et dès qu'on se trouvera en dehors du groupe, on perdra ses moyens, se référant toujours au groupe comme à son guide, à son maître, au seul critère de vérité.

C'est ce qui est arrivé avec les intellectuels français lors de la montée du communisme et du nazisme. Les plus grandes figures – Jean-Paul Sartre, Simone de Beauvoir, André Gide, André Malraux – ont été complètement séduits par ces mouvements. Certains même n'en sont jamais sortis et y ont laissé leur peau, comme Robert Brasillach et Drieux de la Rochelle.

Or, ces intellectuels avaient une faiblesse importante: ils ne connaissaient pas leur émotivité. Ils étaient aussi prêts à être séduits qu'une jeune adolescente. En fait, ils se croyaient immunisés par leur barrage d'idées bien structurées – leur vie intellectuelle. Mais ils étaient plutôt menés par le rêve, l'illusion et le mirage, qui flattent l'imagination et nourrissent l'émotivité. Voilà pourquoi les mythes communistes et nazis ont parlé si fort à leur besoin infantile de croire et de se faire envoûter, emporter. C'est un cas très clair du principe évoqué précédemment: on est mené par ce qui en nous est ignoré, demeuré inconscient.

Il se passe quelque chose de semblable dans les sectes: même instruits et nantis de diplômes universitaires, plusieurs adeptes se sont laissé avoir par l'Ordre du temple solaire, par les groupes de Jonestown et de Waco (au Texas), des Raëliens et de la Scientologie.

Si on regarde maintenant les religions traditionnelles, on y trouve le même modèle: les autorités y rendent impossibles la critique, la remise en question, la démocratie, le syndicalisme ou la liberté de pensée. Ainsi maintiennent-elles les fidèles dans une position dépendante, dans une crédulité infantile. Même les gens instruits y sont tellement enchâssés dans leur croyance et dans la conviction d'avoir raison sur toutes les autres religions, que leur esprit critique s'est perdu dans la brume, transformé finalement en soumission, en à-plat-ventrisme.

Il ne reste plus que la crédulité passionnée, fanatique – émotive – qui inspire les croisades, les intolérances et, finalement, les guerres et les inquisitions...

QUESTION n° 9:

Peut-on se libérer de l'émotivité?

Il n'est pas question ici de devenir insensible – ce serait la pire chose à faire, étant donné que la sensibilité est une valeur primordiale, une caractéristique de l'âme. Elle était présente à notre entrée en ce monde et demeure toujours présente, quoique voilée et parfois oubliée. Ce dont nous parlons maintenant, c'est de cette sensibilité qui a été déformée, qui est devenue égocentrique, c'est-à-dire de l'émotivité. Comment en effet peut-on se libérer de son emprise?

En apprenant à se connaître, en s'observant, en se regardant avec assez d'honnêteté pour se voir tel qu'on est, sans en remettre mais sans non plus en enlever.

Chercher à connaître la cause de ces désordres est assez inutile, puisque toute émotivité naît avec le personnage et se déclare lorsqu'on n'en est pas encore bien conscient. Ce personnage se sert de la réaction émotive pour se consolider et prendre le pouvoir. Il ne cherche pas à croître, mais plutôt à défendre ses acquis, à garantir sa sécurité.

Lorsqu'on est aux prises avec une réaction émotive, on est en son pouvoir, dominé par elle. Elle nous tient par le collet. On est en quelque sorte envoûté par elle. Ce n'est donc pas au moment même où survient la réaction émotive que l'on peut y faire grand-chose. C'est après seulement que le travail peut se faire, suivant le principe que ce n'est qu'une fois sorti d'un envoûtement que l'on commence à comprendre combien on a été envoûté.

Une fois la tempête passée, par exemple, à la fin de la journée ou le lendemain, on peut revenir sur ce qui nous a emporté et examiner comment a surgi cette réaction excessive et comment on s'est comporté. Si on fait cela chaque fois que surgit une crise émotive, celle-ci aura moins d'emprise la prochaine fois. Et c'est de fois en fois que cette force déréglée va commencer à diminuer, à se faire reconnaître pour ce qu'elle est vraiment. Dès qu'elle sera reconnue, elle aura perdu de sa force. C'est la connaissance de soi qui nous en libère.

En somme, lorsqu'on commence à voir la façon dont agit l'émotivité, on commence à reconnaître le vrai visage du personnage, *ce paquet de prétentions et d'illusions qui s'enrage contre ce qui le contrarie et s'emballe follement pour ce qui le favorise.*

MERCI à mon yoga.

QUESTION n° 10:

Étant émotif, comment réagir devant une demande?

J'ai dit «oui» pendant une bonne partie de ma vie. J'ai été si soumis, si prêt à consentir, à être d'accord, à me plier en quatre pour autrui, qu'un jour j'ai pris conscience que j'avais agi sans respecter mon sentiment intérieur, mes goûts, mes opinions – bien plus, mon âme. Quand je disais «oui» extérieurement, ça disait «non» à l'intérieur. Mais je taisais ce «non». Au fond, je me mentais à moi-même pour faire plaisir aux autres.

C'est, bien sûr, notre éducation religieuse qui nous a formés à nous nier nous-mêmes. C'était le commandement «aimez les autres», sans tenir compte de son complément «comme vous vous aimez vous-mêmes». C'était mal aimer, c'est-à-dire d'un amour forcé, zélé, avec une attitude missionnaire. Dans mon cas, il faut ajouter à cela mon long séjour en communauté religieuse qui empilait devoirs de dévouement et d'oubli de soi, depuis le vœu d'obéissance jusqu'au mépris complet de soi-même. Comme rien n'était bon en nous, il ne fallait regarder que les autres. On s'habituait tellement à pencher vers les autres et à leur dire «oui» comme des valets de chambre ou des esclaves, qu'on avait désappris à se connaître. Notre vernis de vertu n'était que faux-semblant. On jouait pour la galerie.

Agir par goût

Non, il ne faut pas agir tout d'abord pour faire plaisir. Il faut agir plutôt par goût, parce qu'on aime cela, parce que cela nous convient ou nous plaît. D'ailleurs, la politesse en tient compte : si quelqu'un vous remercie, vous répondez « le plaisir est pour moi ». Il est naturel de faire plaisir à l'autre quand on se fait tout d'abord plaisir à soi. Mais c'est être dénaturé que de ravaler ses goûts pour tenter de plaire à tout le monde, ce qui est d'ailleurs impossible.

Prétendre aimer tout le monde parce qu'on leur dit toujours oui, c'est de la mascarade et de l'ignorance.

Eh bien, il m'a fallu plus d'un demi-siècle pour apprendre à dire non, c'est-à-dire pour me rendre compte que c'est une réaction justifiable et bonne. Ce qui m'a amené à laisser tomber certaines relations qui ne menaient à rien et qui créaient en moi ou chez l'autre une dépendance. Couper une relation est parfois aussi nécessaire que difficile. C'est sagesse de savoir dire non sans regret et sans culpabilité, et c'est libérateur de respecter ses goûts, sentiments et façons d'être.

Il peut être en effet difficile de dire « non », surtout après qu'on a longtemps dit oui à certaines personnes. Le non crée naturellement une brisure, un arrêt, une friction. Cela brouille l'entente et débouche souvent sur un conflit. C'est pourquoi il faut un certain courage pour dire non aux autres et oui à soi-même. Il en faut toujours pour s'affirmer, pour être fidèle à soi. Il ne s'agit pas ici d'être tout d'abord *contre* les autres, mais *pour* soi. Et ce n'est qu'en étant tout d'abord pour soi-même – en s'aimant – que l'on pourra s'entendre avec les autres et les aimer, sans tomber dans une soumission bête.

On est fait pour aimer, mais ça ne peut commencer que par l'accueil complet et généreux de soi-même, sans excès et sans culpabilité. Dire oui parce qu'on se sent incapable de dire non, c'est réagir de façon émotive à une demande, comme un petit chien incapable de résister à l'appel de son maître. C'est demeurer infantile, incapable de s'affirmer, d'être honnête avec soi, d'être vrai.

Lorsqu'on a trois ans, il est normal de dire non à ses parents. Mais à force d'être moulé par le dressage social, qui enseigne à se conformer, on finit par suivre le courant comme des moutons. Il est important de sauver sa peau en disant non à une opinion, à une croyance ou même à un gouvernement. C'est d'être fidèle à soi qui importe avant tout, ensuite vient la fidélité aux autres. Cette dernière fidélité ne peut justement se réaliser, à moins qu'on n'ait tout d'abord appris à se respecter soi-même.

Ensuite, on peut faire ce que l'on sent être bon pour soi et pour les autres.

QUESTION n° 11:

Pouvez-vous nous parler de votre expérience à l'hôpital?

Très bien, mais je raconterai ces événements tout d'abord pour faire voir ce qui arrive lorsque l'émotivité a fait place à l'émotion pure, ensuite pour montrer comment l'âme agit quand on s'en remet à elle au lieu de vouloir contrôler.

C'était il y a déjà plusieurs années. Je souffrais d'une tension artérielle très élevée – je prenais des comprimés de «nitro» pour mon angine. Le mal allait en augmentant jusqu'au jour où j'ai dû prendre une dizaine de ces petites pilules, parce que les attaques se multipliaient. Or, après trois comprimés, on était censé se rendre à l'hôpital. C'était donc sérieux et les amis qui m'entouraient, dont un infirmier, m'enjoignirent fortement d'appeler une ambulance au plus vite.

De la résistance à l'abandon

Mais je résistais à l'idée d'un séjour à l'hôpital en plein novembre, alors que les conférences allaient bon train et que je considérais mon travail comme si important! Je me disais: «J'irai en janvier, c'est un bon mois pour l'hôpital!» Cette résistance était une réaction émotive, et même mon corps me le disait. Il se peut même que mon refus obstiné d'être hospitalisé ait concouru à multiplier les attaques d'angine.

Toujours est-il que j'ai fini par céder. Et au moment même où je décidai de composer le 9-1-1, j'ai senti comme une ouverture, une délivrance, un apaisement de tout mon être. J'avais l'impression d'entrer dans un immense espace de lumière et de joie. J'ai donc pris l'ambulance et passé quelque temps à l'urgence, pour ensuite atterrir aux soins intensifs. Mon chirurgien à Notre-Dame, le Dr Doyle, me visita pour examiner mon état: le cœur était en pleine forme, alors que les artères étaient bloquées à 70 %. Il fixa donc l'opération au prochain samedi matin, ce qui signifiait un état d'urgence.

Pendant tout ce temps, j'écoutais les gardes et les infirmiers, je leur parlais calmement, et lorsque le chirurgien m'annonça l'opération, je me sentis content, comme s'il m'avait invité à prendre un café. Pas de drame, pas de peur, pas d'appréhension pour l'avenir. D'ailleurs, l'infirmière qui me préparait à l'opération ne crut pas nécessaire de me donner la piqûre d'usage pour calmer le patient, tellement j'étais insouciant et confiant. Pendant le voyage à la salle d'opération, je causais avec les gardes et les chirurgiens adjoints, qui poussaient mon lit, je leur posais des questions sur leur horaire de travail, etc.

Autrement dit, j'étais dans le moment présent – sans peur pour l'avenir et sans inquiétude. Je vis défiler devant moi tous les gens que j'avais aimés et qui avaient fait de ma vie un long bonheur. Je remerciais la vie de tous ces cadeaux, je me sentais comblé, ne désirant rien, ne regrettant rien. Je savais bien sûr que je pouvais mourir, mais la mort ne me faisait rien, comme s'il n'existait pour moi que la vie, la vie pour toujours.

Je sais que c'est presque indécent d'être pleinement heureux à l'hôpital, mais c'était le cas. Et la période post-opératoire s'est déroulée dans le même courant de joie et de reconnaissance. La douleur était forte mais sans importance pour moi: je lisais, je causais avec les autres malades, je vivais le présent avec bonheur. Je m'étais oublié.

Le retour au présent

C'est cela vivre sans émotivité. La réaction émotive empêche d'être heureux, d'être en paix et de vivre pleinement le présent. Elle craint toujours le futur et regrette toujours le passé. Elle n'est jamais en paix, jamais à l'aise avec la vie.

Cette expérience a eu lieu deux fois, dans un intervalle de plusieurs années. Après m'être buté contre le mouvement de la vie qui m'obligeait à passer par l'hôpital et l'opération, il s'est produit un relâchement lorsque j'ai finalement cédé. C'est à ce moment que la réaction émotive a fait place à la joie et à la confiance. Ces deux sentiments n'étaient pas dus à ma volonté, c'était plutôt ce qui arrive quand on laisse tomber sa volonté égoïste pour accepter la vie. La vie est d'elle-même guérisseuse et libératrice, mais pour cela, il faut avoir mis de côté ses refus, son entêtement, ses peurs. Il faut avoir laissé de côté son personnage frileux et prétentieux.

Troisième volet:

Les avantages de la solitude

(conférence donnée à Québec)

QUESTION n° 1:

La solitude est-elle une bonne chose?

Tout le monde connaît la solitude une fois ou l'autre au cours de sa vie. Non seulement c'est quelque chose qui appartient naturellement à la vie, mais c'est une expérience à la fois utile et nécessaire.

Comment peut-elle être utile?

Faire l'expérience de la solitude permet de prendre conscience qu'on est dépendant et à quel degré. En effet, si on s'ennuie quand on est seul, c'est qu'on dépend encore de la présence des autres ou de quelqu'un d'autre, et qu'on ne peut encore se suffire à soi-même. C'est donc utile de s'en apercevoir si on veut grandir.

Maintenant, en quoi est-ce nécessaire de connaître la solitude?

C'est nécessaire justement pour se bâtir une confiance en soi, pour développer la capacité de se débrouiller tout seul afin d'acquérir une indépendance d'esprit permettant de réaliser son destin au lieu de suivre l'opinion à la mode.

Pour comprendre un peu mieux la valeur de la solitude, il serait bon d'établir la différence entre:

- la solitude du corps;
- la solitude du cœur;
- la solitude de l'âme.

La solitude du corps

C'est ce qui s'appelle l'isolement, le fait d'être physiquement séparé des autres, d'habiter un lieu éloigné ou un appartement, de vivre seul en chambre.

L'isolement du corps peut être pénible pour quelqu'un qui n'a pas développé des liens d'esprit comme ceux de l'amitié, qui permettent de ne jamais se sentir seul tout en étant séparé des autres. Cet isolement est également nécessaire même au sein du couple: il faut savoir ménager des moments et des espaces où chacun puisse s'isoler, soit en visitant des parents ou des amis, soit en s'enfermant dans un endroit isolé, une retraite, pour y travailler à un projet. Cet isolement permet d'être plus libre dans son activité.

Rien ne nuit davantage à l'union des amoureux ou des époux que de vivre 24 heures sur 24 «collé-collé». L'individu a besoin de respirer son air à lui, de pouvoir vivre en contact avec son âme sans être dérangé. Cela est même nécessaire à la santé du couple et permet de donner aux retrouvailles un regain d'énergie et d'enthousiasme. L'éloignement provisoire renforce même le rapprochement. C'est comme une respiration: inspiration/expiration; absence/retrouvailles; présence/éloignement.

La solitude du cœur

Ce que l'on entend habituellement par le mot «solitude» est une affaire de cœur: on s'ennuie, on souffre de n'avoir pas d'ami ou de «blonde», on regrette de ne pas voir ses parents plus souvent. Tous ceux qui ont connu le pensionnat savent de quoi je parle.

C'est cette solitude qui fait souffrir. Et la souffrance vient de notre réaction émotive – de notre refus des faits (le parent est absent, il n'y a pas d'amant), de notre besoin d'imposer à la vie notre volonté, notre scénario, nos désirs, mais surtout de notre incapacité d'être affectivement autonome. C'est ici qu'on voit combien la dépendance affective peut faire souffrir. Et ce ne sont pas les événements ou les êtres autour de nous qui font souffrir mais nos réactions à leur égard. C'est nous qui créons cette souffrance – c'est notre immaturité, notre attitude infantile.

On m'avait dit un jour que si j'aimais vraiment quelqu'un, je souffrirais de son absence. La plupart des gens pensent en effet que la preuve d'un amour authentique se trouve dans la peine ressentie loin de la personne aimée. Si je devais m'ennuyer de toutes les personnes absentes que j'aime, je ne pourrais vivre ma vie, je souffrirais trop!

Non. La souffrance n'est pas un signe de la profondeur de l'amour. C'est plutôt le signe que la relation est faite de dépendance et on sait que la dépendance affective fait mal. C'est le mal qui est propre à l'amour naissant: ce sont vraiment des douleurs d'enfantement qui annoncent la possibilité de vivre un jour le vrai amour. En attendant, il faut apprendre les leçons de base, la première et la plus difficile étant que personne ne nous appartient et que, par conséquent, personne ne peut forcer un autre à l'aimer.

Les autres leçons viendront avec la croissance, jusqu'à ce qu'on ait appris à vivre dans un profond attachement pour quelqu'un tout en étant complètement autonome et libre.

La solitude de l'âme

C'est la solitude de l'être et du destin: chacun suit un chemin unique, chaque âme avant de venir ici a choisi ce chemin qui fait que le déroulement de chaque vie est particulier et le devient de plus en plus. Toute âme apprend à se délester petit à petit de ses rôles terrestres, de ses possessions et de ses positions, de ses liens personnels et sociaux, pour enfin retrouver ce qu'elle est et a toujours été derrière cette suite d'événements, d'apparences et de drames.

Chacun suit un corridor, au long duquel des portes s'ouvrent et d'où émergent des personnes avec lesquelles vous faites un bout de chemin, pour ensuite passer à d'autres. Pendant tout ce temps, ceux que vous rencontrez et vous-même suivez tous un corridor exclusif. Ainsi, personne ne peut vivre votre vie ni vraiment la comprendre et même si vous la racontez en détail, l'essentiel en est absent, c'est-à-dire ce qui se passe au niveau de l'âme et qui n'est pas connaissable de l'extérieur, que même l'individu vivant cette vie ne peut connaître. Toutes les traditions disent que l'âme n'est connue que de l'Éternel, car elle est son reflet, son miroir, son point de rencontre avec le monde visible.

QUESTION n° 2:

Avez-vous connu la solitude?

Oui. J'ai beaucoup vécu seul, surtout depuis que j'ai laissé en 1983 la vie en communauté. Depuis, je me suis senti souvent coupé des autres et j'ai souffert de la solitude émotive, particulièrement les fins de semaine où les amis sont avec les leurs et les vacances où cette solitude est encore plus longue.

Même en communauté il y avait beaucoup de solitude: les liens n'étaient pas toujours profonds ou satisfaisants et dès qu'il y avait un problème émotif entre les membres du groupe, chacun rentrait dans sa chambre pour ne pas l'affronter, si bien qu'on n'arrivait jamais à reconnaître son émotivité, encore moins à l'assumer ou à la dépasser. Et au moment de quitter cette communauté, aucun compagnon n'était là pour me saluer.

Dans ces moments d'éloignement affectif, il faut apprendre à organiser sa vie, à structurer ses activités, de sorte qu'il y ait le moins possible de moments vides dans la journée. Ainsi, l'isolement et même la solitude émotive finissent par être acceptables et vécus dans une certaine sérénité. C'est un apprentissage qu'il faut accepter d'assumer. Cela renforce beaucoup le caractère et fait aussi mûrir le cœur.

En plus de l'isolement et de la solitude émotive, j'ai bien sûr connu la solitude de l'âme, qui est un bienfait, même un élément guérisseur et libérateur. C'est au niveau de l'âme que les choses, les relations, les possessions et les rôles finissent par retrouver leur véritable dimension, leur importance réelle, c'est-à-dire leur manque d'importance. Et quitter le monde de l'illusion est toujours à la fois éclairant et libérant.

Je ne regrette donc rien de tout cela: isolement ou solitude affective. Tout a été chargé de bonnes leçons, tout a contribué à rendre mon attitude plus réaliste et mon cœur plus sage.

QUESTION n° 3:

Est-il bon de choisir de vivre seul?

C'est à chacun de faire ses choix. Mais c'est vraiment l'âme qui, avant d'arriver ici, a choisi le mode de vie qui va lui être le plus utile à l'apprentissage de ses leçons. Ainsi, elle a pu décider de vivre l'expérience de la vie solitaire ou de couple, d'avoir des enfants ou encore de vivre l'expérience de l'homosexualité.

Tout n'est qu'occasion d'apprendre des leçons. Rien de plus. Chaque mode de vie est en soi neutre et d'égale valeur: tout dépend de ce qu'on va en tirer. Mais il ne faudrait pas vivre une vie solitaire ou même communautaire, renoncer au mariage ou au sexe, par obéissance à des lois religieuses ou à des influences familiales.

Les erreurs de la religion

Les croyances religieuses sont bâties sur des mythes et des propagandes: il est faux de dire que la virginité ou la vie de célibataire rendent plus «saint» et permettent d'être davantage au service de Dieu et des autres. Et encore plus faux de prétendre que cela rend plus heureux, plus humain, plus créateur.

Ce qui est naturel est divin, alors que ce qui est inventé ou imposé par les humains à cause de préjugés, de peurs ou de culpabilité, n'a rien à voir avec les lois de Dieu et n'est, par conséquent, ni bon ni libérateur. Tout ce qui est naturel permet d'entrer en contact avec le divin en nous et dans l'Univers. Rien de ce que l'Homme a inventé n'a pu remplacer la merveille et la perfection de la nature. Vouloir s'en éloigner pour atteindre la Source éternelle, c'est faire affront à la sagesse divine qui «a vu que tout était bon».

QUESTION n° 4:

Comment peut-on vivre seul tout en étant en couple?

Si l'on s'ennuie en couple, c'est qu'on vit encore dans l'émotivité que la blessure n'a pas guérie. Autrement dit, on vit en relation parentale, on n'a pas atteint la maturité de l'autonomie affective. Mais si l'on est bien avec soi et heureux d'être ce qu'on a été et ce qu'on est devenu, on vivra dans un partage harmonieux. Tout dépend de sa liberté intérieure, de sa capacité d'être un ami pour soi-même.

Et si l'on arrive à être à l'écoute de l'âme, on ne souffrira guère de la solitude émotive ou de l'isolement. On aura atteint une relation d'amitié permettant à la fois d'être uni à quelqu'un en même temps que d'en être complètement libre. L'union de deux âmes se vit sans peine, comme une aventure d'improvisation et de continuelle découverte, sans attentes, sans déceptions. La vie est devenue une douce célébration, comme la contemplation d'une rose qui s'ouvre, d'une lune qui monte ou d'un ciel qui se remplit d'étoiles. On devient l'Univers qui s'épanouit.

Quatrième volet:

L'importance de l'autonomie

(conférence donnée à Sherbrooke)

QUESTION nº 1:

Qu'entendez-vous par dépendance?

Si l'autonomie consiste à reconnaître sa dépendance, la dépendance c'est le fait d'être en prison sans le reconnaître.

La vie est une affaire de croissance: ou bien on refuse de grandir, ou bien on accepte de quitter les attitudes passées. Il est naturel que l'enfant dépende complètement de ses parents pour son bien-être et sa sécurité émotive. Il est alors dans l'état qui convient à cette première phase de la vie. La dépendance est l'assise qui permet de rencontrer la nouveauté de la vie, c'est une étape nécessaire pour fonder la confiance initiale. On ne commence jamais par être autonome, mais par être dépendant, comme on ne commence pas par savoir mais par ignorer, par être libre mais par être contraint.

Cette dépendance vis-à-vis de certaines personnes perd toutefois son sens si elle est prolongée. Chaque étape a ses besoins et ses caractéristiques. L'enfance est un état d'abandon et de dépendance; l'adolescence, une recherche de l'indépendance; et l'âge adulte serait normalement l'étape où se réaliserait l'autonomie.

Et voici ce que *dépendre* signifie:

- ne pas avoir assez confiance en soi pour être son propre maître, pour décider de sa vie;
- être quelqu'un qui n'existe que par les autres et par rapport aux autres;

- être quelqu'un qui se sent perdu dès qu'il doit agir par lui-même, comme une maison qui s'écraserait faute de charpente.

Aujourd'hui, beaucoup de soi-disant adultes sont restés dépendants. Ils regrettent l'insouciance et l'irresponsabilité de l'enfance, son besoin d'appui, d'encouragement, son encadrement parental. Ils éprouvent beaucoup de mal à assumer les caractéristiques et les exigences de leur âge. Ils voudraient rester des ados éternels et font tout pour qu'on oublie leur âge, pour s'associer par leur look et leur façon de parler à la génération précédente, comme si leur dépendance s'exerçait maintenant vis-à-vis des jeunes comme autrefois elle s'exerçait vis-à-vis des parents. On regarde encore dans le rétroviseur. Et comme on trouve la croissance trop difficile, on se retire dans un cocon de souvenirs ou on se noie dans la surconsommation.

Comment s'en sortir ?

QUESTION n° 2:

Durant l'enfance, quels sont les premiers signes d'autonomie?

Dès que l'enfant cherche à quitter le placenta maternel, il est attiré par l'autonomie. La sortie de la mère en est la première étape; la coupure du cordon, le second; l'apprentissage de la parole, le troisième; et les premiers pas, la quatrième étape. Chaque fois, le bébé devient plus distinct de la mère. Même s'il n'est déjà plus dans le corps de celle-ci, il demeure dans son monde à elle, puisqu'il s'y réfère constamment et y revient toujours. Cependant, le goût de l'autonomie est définitivement implanté.

Il restera à l'enfance de dire non, de se dissocier de ses copains de jeu, de s'affirmer, d'entrer en conflit. L'union avec l'univers commence alors à se lézarder, comme l'œuf d'où sortira le poussin. Petit à petit, l'enfant devra naître à son monde. Il va explorer progressivement son entourage, prendre ses distances à l'égard de ses parents, pour finalement découvrir que son désir d'autonomie le poussera à rencontrer le premier amour. Alors commencera la première vraie expérience d'autonomie où un individu en rencontre un autre en tant que son égal.

Ce sera en même temps le premier acte de retour au monde maternant du début – le sentiment d'être entouré de tendresse, d'être le centre du monde, de connaître le confort et la sécurité. Une fois que ce premier coup de foudre aura épuisé son feu, l'adolescent se retrouvera seul, dans un affreux sentiment d'abandon, de non-sens et d'inutilité. C'est la vie qui veut lui apprendre la nécessité de dépasser cette étape, d'en faire le deuil pour continuer de croître. Il a commencé à connaître la difficulté de devenir autonome.

Et quand il va reprendre avec une autre partenaire, il refera encore l'expérience de la fusion originelle, pour répéter de nouveau l'expérience plusieurs fois – entrecoupée de périodes de solitude –, jusqu'à ce qu'il ait appris l'importance de l'autonomie dans une relation d'amour.

QUESTION n° 3:

L'autonomie est-elle possible dans un couple?

Non seulement l'autonomie est-elle possible dans un couple comme dans toute autre relation, mais elle est la clé de tout amour, de tout mariage réussis.

Chacun, en naissant, se voit peu à peu tiraillé entre deux pôles d'attraction: il a besoin de dépendre mais aspire à être autonome. Ces deux branches de la fourche l'attireront tour à tour pendant toute sa vie, retournant à certains moments vers le confort du monde maternel, et à d'autres, poussant audacieusement vers une nouvelle étape d'autonomie. C'est la balançoire qui va de la fusion de deux personnes à deux aventures distinctes.

On nous a enseigné que le couple, surtout dans le mariage, commençait par la fusion – la fameuse «union en une seule chair». On ne parlait pas d'autonomie, on croyait plutôt que la fusion:

- était la base qui fondait la vie de couple;
- lui assurait une assise pour le reste de la vie;
- était le signe de l'amour parfait.

Erreur: la fusion du départ n'est que l'étincelle et non pas le fondement. Ça n'a pas la force de durer, puisque c'est nourri surtout de passion et d'un besoin mutuel de l'autre. Et ce n'est pas du tout le modèle de l'amour vrai. En amour, on commence par être un, oui, mais pour devenir progressivement deux. (Le mot «couple» signifie «un ensemble de deux».)

De toute façon, on ne peut devenir l'autre, et les deux ne seront jamais fusionnés, même pendant la pénétration. Il y aura toujours deux corps, deux personnalités, deux destins. Les amoureux peuvent coucher ensemble toute leur vie, mais ils dormiront toujours seuls.

S'il n'y a pas dans le couple une progression vers l'incontournable autonomie des deux, l'union fait du surplace, se sclérose, l'imagination s'éteint, la croissance s'arrête. *L'union «collé-collé» est le pire idéal qui puisse animer un couple.* Ce qu'il prépare, c'est sa dissolution. Peut-être même que bon nombre de divorces prennent racine dans cette fausse vision de l'amour à deux.

Ce n'est donc pas la fusion qui crée la véritable union. Elle donne plutôt l'illusion au couple d'être uni en se nourrissant du souvenir de la fusion bébé-maman. On ne peut rentrer dans le sein, on ne peut qu'en sortir de plus en plus.

Les époux, les amoureux doivent tous faire ce chemin. Il n'y a pas d'autre alternative. C'est la voie de la croissance. À moins que chacun des deux ne devienne de plus en plus soi-même, il vaudrait mieux vivre seul.

Je dirais, pour finir, que le couple doit tendre à rendre chacun des deux plus autonome. Cela signifie que la proximité physique, le besoin de toujours être ensemble – le «collé-collé» 24 heures sur 24 – devra petit à petit s'ouvrir à plus de liberté de mouvement, avec des temps et des espaces où chacun peut vivre sa vie et être à l'écoute de son âme.

Il serait également désirable que chacun prenne congé de l'autre périodiquement. Se revoir est bien plus stimulant et réjouissant que de se voir constamment.

Un rapport plus adulte signifiera que le lien deviendra de plus en plus intériorisé, de sorte que même dans l'absence les partenaires seront reliés et présents l'un à l'autre. C'est la proximité de l'âme qui prend la relève de la proximité du corps. Ainsi, l'amitié amoureuse, qui est une qualité de l'âme, nourrira de plus en plus la relation, au point que la dépendance affective, qui exige toujours touchers, bécots et baises, soit graduellement remplacée par des regards, de l'attention pour l'autre, la présence par la pensée, par un idéal commun et une grande communion d'esprit.

L'autonomie est ce qui fonde une relation adulte et même durable, alors que la dépendance de l'un ou de l'autre ramène le couple à une relation de parent-enfant.

QUESTION nº 4:

En quoi la famille peut-elle favoriser l'autonomie?

Comme je l'ai déjà mentionné, le foyer parental est tout d'abord le lieu de la fusion, du cocon, de la dépendance. Mais dès que les parents voient grandir leurs enfants, ils doivent respecter leur besoin grandissant d'autonomie. À tel point que si les parents retiennent les enfants, la croissance de ceux-ci sera compromise pour une bonne partie de la vie. Du même coup, les parents s'empêcheront de croître, puisqu'ils ne peuvent avancer qu'en faisant le deuil de chaque enfant à mesure qu'il prend ses distances, pour enfin quitter la maison.

Un enfant qui a été trop choyé, qui n'a pas appris à se prendre en main, en gardera les séquelles: il cherchera toujours le parent dans la relation amoureuse et aura peine à atteindre une attitude adulte.

La famille est un nid fait pour être quitté. Et les parents responsables sont ceux qui respectent assez la vie pour aider l'enfant à poursuivre son propre destin, même s'il s'avère complètement différent du leur ou opposé à leur façon de voir. C'est aux parents, par leur façon de penser et d'agir, qu'il incombe de transmettre à l'enfant le goût de se lancer dans la vie, de croître et de se réaliser. Cela, bien sûr, ne se fait pas par des paroles, mais par les contacts physiques, le partage d'affection et d'idées, par une osmose secrète et profonde entre parents et enfants qu'aucun discours ne saurait remplacer. Du reste, l'enfant ressent chez le parent son honnêteté ou le manque de confiance dans la vie: il n'a besoin d'aucun discours moral pour apprendre à bien vivre. Il apprend dans la mesure où il y a confiance mutuelle.

Le milieu familial servira à assouplir chaque enfant en lui apprenant à se mesurer aux frères et sœurs, à se défendre, à se réconcilier, à développer son caractère et ses talents dans un cadre stimulant et respectueux de chaque personnalité.

QUESTION n° 5:

Peut-on avoir besoin d'un maître pour guider notre âme?

Chercher un parent alors qu'on est en voie de devenir adulte est un recul. Personne à l'extérieur ne peut guider notre âme: elle est déjà guidée par des Êtres de lumière qui lui font sentir le sens de son chemin et lui inspirent audace et courage afin de le suivre. La croissance spirituelle n'est pas un effort qui permet d'obtenir un prix – la sainteté, la libération, la connaissance. Aucun effort n'est requis: c'est la confiance dans la vie qu'il faut et assez de caractère pour assumer pleinement les difficultés et les responsabilités. Et cela se trouve déjà en chacun de nous.

Les individus qui se prennent pour des sauveurs et des maîtres ne sont pas assez autonomes pour se passer de disciples soumis et crédules. Les disciples qu'ils finissent par draguer ont tendance à demeurer aussi infantiles qu'eux: maîtres et disciples sont le miroir les uns des autres et n'acceptent pas d'apprendre leurs leçons dans la responsabilité, en dehors de toute relation parentale. Ils restent fixés au modèle de la famille qu'ils n'arrivent pas à quitter. En demeurant en groupe, ils se croient plus près de Dieu ou de la perfection que ceux de l'extérieur qui assument courageusement les charges et les responsabilités d'une vraie famille.

Le plus grand danger qui guette les groupes dits spirituels, c'est de se prétendre supérieurs aux autres et même préférés de Dieu. Pourtant, tout le monde sait qu'il n'y a pas d'humains supérieurs aux autres sur terre. Seuls les rôles diffèrent, mais jamais l'éveil de la conscience ne peut dépendre d'un rôle ou d'un pouvoir. C'est justement dans la mesure où nous nous serons libérés de nos rôles et prétentions que nous nous reconnaîtrons comme semblables et reliés – en même temps qu'individuellement guidés par l'Esprit.

L'obéissance à des humains qui se prennent pour Dieu est un restant des époques féodales où on maintenait la foule dans l'ignorance et la soumission. Tous ceux qui régnaient se croyaient investis d'un pouvoir spécial venu d'en haut. Et l'Église nous a fait croire la même chose. Cependant, ses excès et ses vices nous ont convaincus que les humains sont partout pareils, qu'ils appartiennent tous à la même race, et aussi longtemps qu'on n'aura pas reconnu cette évidence primordiale, on va rebâtir des systèmes avec des «parents» en haut qui font la loi et des «enfants» en bas qui s'y soumettent.

QUESTION n° 6:

Est-ce que la relation parentale se retrouve aussi dans la politique et la religion?

Dès qu'un système se fonde sur le pouvoir, il y a corruption, et comme le disait Lord Acton à la fin du XIXe siècle, tout pouvoir absolu va corrompre absolument. Il suffit d'évoquer les théocraties (fusion de l'Église et de l'État), les tyrannies (Napoléon, Pol Pot, Milosevic) et les régimes totalitaires (communisme et nazisme).

Le leader se croit toujours investi d'un pouvoir suprême qui lui permet de soumettre le monde afin de le rendre heureux et libre. La propagande est simple: il s'agit de répandre la peur et la soumission tout en promettant la libération à ceux qui obéissent. Les fanatiques d'en haut soumettent les crédules d'en bas. Car les chefs ont besoin d'être adorés et les fidèles d'adorer. En effet, la machine tyrannique est si bien organisée que ses croyants n'y voient que du feu.

Tout système politique, toute association, toute communauté religieuse qui exige l'obéissance absolue de ses membres perpétue cette même relation parentale. La croissance y est défendue, de même que tout ce qui la suscite – remises en question, critique, participation démocratique, liberté d'expression. La propagande omniprésente joue sur l'émotivité et la crédulité des gens, étendant son filet de mensonges sur toutes les couches sociales, comme un cancer ses métastases.

Ce n'est qu'au moment où les croyants se mettent à douter, puis à jeter un regard critique, qu'ils reconnaissent l'envoûtement dans lequel on les a enfermés. Aussi longtemps qu'ils y croyaient, ils ne pouvaient voir clair: leur émotivité embrouillait tout. Mais une fois sortis de prison, ils se rendent compte combien ils se sont fait avoir*.

* Voir mon ouvrage *L'envoûtement des croyances*, chez le même éditeur.

QUESTION n° 7:

Quand commence-t-on à être autonome?

On a vu que la tendance à l'autonomie et les étapes qui y mènent existaient dès le début de la vie. Mais l'autonomie n'atteint son âge adulte qu'au moment où on reconnaît ses dépendances. Cela seul donne la capacité de s'en libérer. De même, on sort de son illusion quand on la reconnaît, comme on commence à quitter l'ignorance au moment où on s'aperçoit qu'on est ignorant. C'est en somme ce que le sage Socrate avouait quand il disait: «Si j'ai quelque sagesse, c'est uniquement en ce que je reconnais que je ne sais rien.»

Lorsqu'on voit combien on dépend de quelqu'un qu'on dit aimer, on s'éveille à cette dépendance émotive jusque-là niée. Et lorsqu'une *star* ne peut tolérer de ne plus être applaudie et adorée, c'est le moment où elle pourrait se rendre compte qu'elle dépend complètement de «son public» – qu'elle est possédée par lui autant qu'elle en est possessive.

QUESTION n° 8:

En quoi nos croyances nous empêchent-elles d'être autonomes?

Croire, c'est se soumettre à une personne, à un énoncé, à un dogme, à une institution, sans chercher à en examiner la véracité, sans en faire une critique objective. Croire naïvement, c'est ne pas être conscient qu'on est pris, faisant paresseusement confiance à une rumeur, à une impression ou à une propagande. Cette croyance naïve – appelée crédulité – est victime de tous les tricheurs, les escrocs et les menteurs.

C'est pourquoi il est important d'examiner ce que l'on croit en religion, dans le domaine de la politique et des opinions populaires. La crédulité est toujours alimentée par l'émotivité et des rêves infantiles. C'est elle aussi qui rend fanatique et, finalement, intolérant. En effet, la crédulité n'accepte pas de remettre en question ce qu'elle croit être vrai, elle préfère rester prisonnière de sa sécurité illusoire, plutôt que reconnaître son état.

QUESTION n° 9:

Être autonome ne nous sépare-t-il pas des autres?

Oui, si on conçoit l'autonomie comme un état de froideur, d'indifférence ou d'insensibilité. Mais ce serait là plutôt un quant-à-soi, un je-m'en-foutisme, un certain mépris pour l'opinion des autres, pour les idées et les coutumes courantes. Être autonome, ce n'est pas se croire supérieur et tout regarder de haut. Ce n'est pas être contre l'extérieur, mais en faveur de son intérieur. C'est simplement suivre sa guidance, son fil intérieur, c'est être fidèle à ce qu'on est.

C'est peut-être la fidélité à soi qui définit le mieux l'autonomie. Et être fidèle à soi, ce n'est pas s'éloigner des autres, refuser de collaborer ou de participer, c'est seulement vivre sa vie sans dépendre des autres, sans avoir besoin de recevoir encouragements, câlins et approbations de leur part. C'est être capable de marcher seul. C'est tout.

Au contraire, cela permet d'entrer en relation d'une façon bien plus profonde avec quelqu'un. Pourquoi? Parce que du seul fait de ne pas être soumis à l'autre et de ne pas tenter de le soumettre, le dialogue est plus honnête, plus libre. La confiance est enfin beaucoup plus grande. Toutefois, il faudra que l'interlocuteur soit également autonome d'esprit et de cœur pour que la magie opère. La relation pourra ainsi dépasser le monde des apparences et des bavardages, pour atteindre le niveau de l'âme – là où la réaction émotive n'a pas de prise.

QUESTION n° 10:

Peut-on être dépendant alors que le partenaire est autonome?

Tout d'abord, il est impossible de vivre un amour adulte si tous les deux dépendent l'un de l'autre. Et il est très difficile d'avoir une relation équilibrée lorsqu'un des deux est dépendant: ça fait un couple bancal. Mais surtout, la personne dépendante souffrira beaucoup et l'autre ne pourra pas vraiment l'aider.

Cela se comprend: on retrouve ici ce que j'appelle une relation parentale. Un des deux veut rester infantile et l'autre a une mentalité adulte. Le danger, c'est que l'attache affective pousse la personne autonome à vouloir éduquer la dépendante. Mais cela ne fait qu'augmenter la dépendance de celle-ci (elle retrouve un maître en plus d'un parent).

Il ne faut pas oublier que dans un couple, il est très difficile d'éduquer l'autre à devenir autonome. Tout d'abord, on n'a pas à changer l'autre et l'autonomie ne peut être enseignée; c'est l'individu qui doit se reconnaître dépendant, pour ensuite progresser vers son autonomie. L'autonomie n'est pas transmissible.

Dans le cas qui nous occupe, la meilleure chose à faire pour la personne dépendante, ce serait qu'elle aille voir un psy ou participe à des groupes de dépendants affectifs. Ces personnes extérieures, n'étant pas impliquées dans son problème, sont en mesure de l'aider.

Carla? Help!

QUESTION n° 11:

Dans une relation dépendante, peut-il y avoir de l'autonomie?

Oui, quand vous vous séparez! (*rires*)

Je m'explique: lorsque, pour quelques jours, vous prendrez congé de la personne dont vous dépendez, vous aurez assez de tranquillité pour examiner votre conduite et votre attitude. Et lorsque vous reviendrez à la maison, vous deviendrez peut-être un peu plus sensible à votre dépendance. Mais il faudra plusieurs éloignements de ce genre avant que la situation puisse vraiment changer.

Il reste que c'est lorsqu'on est seul qu'on peut le mieux se regarder. Alors que vivre «collé-collé» est la meilleure façon de perpétuer une relation de dépendance.

QUESTION n° 12:

Aider les autres peut-il encourager la dépendance?

Aimer et aider autrui peut paraître très simple, mais ce ne l'est pas. Tout ça a été simplifié et même complètement déformé par l'obligation de pratiquer la charité dite chrétienne. Et on sait que la religion a le tour de créer des gens dépendants et encouragés à rester dans cet état au lieu d'être poussés à prendre leur vie en main avec un bon coup de pied au derrière.

Mais aussi longtemps qu'on est avisé de ses propres dépendances, on pourra éviter de rendre les autres dépendants. En donnant de l'argent à quelqu'un, on se rendra peut-être compte que cela ne l'aide pas vraiment. Au début, quand je donnais des sous aux nombreux mendiants de la rue, j'étais content de les entendre dire «comme vous êtes bon». Je me suis aperçu que je ne les aidais pas et qu'ils dépendaient de plus en plus de moi. C'est à ce moment-là que j'ai coupé court à tout don d'argent.

J'ai donc peu de sympathie pour tous ceux qui tendent la main, fumant de l'autre et s'accompagnant d'un chien. Si on ne répond pas à leur demande, ils se croient lésés. Quand on leur demande: «Et que donnez-vous en retour?», ils ne comprennent pas. Ils oublient que l'argent est un moyen d'échange: on paie et l'autre donne quelque chose en échange. Alors que ces passifs professionnels vivent dans un monde magique où on peut recevoir sans donner. Ils pourraient toujours rendre un service, se mettre à chanter, à jouer d'un instrument ou à amuser les passants. Cela au moins indiquerait qu'ils auraient compris. C'est trop facile de recevoir sans donner. Et ça empêche de grandir, de devenir autonome.

On ne peut aider que celui qui veut devenir autonome. Et si on l'aide alors qu'il ne cherche pas à être autonome, on lui nuit en le gardant dépendant, infantile. Avis à tous les soi-disant «faiseurs de bien» et les âmes dites charitables qui, en sortant de la messe, comblent d'argent «leurs pauvres»!

À mesure qu'on donne de l'argent aux mendiants, ils deviennent de moins en moins capables de se prendre en main, d'accepter leurs responsabilités, de devenir adultes. À 40 ans, ils seront encore comme des bébés attendant la tétée. Et nous qui devons croître vers l'autonomie sommes également responsables de pousser les autres à devenir autonomes ou, tout au moins, de ne pas empêcher leur croissance!

Les Amérindiens qui recevaient un salaire à ne rien faire me sont alors revenus à l'esprit. Je me disais que le gouvernement avait commis là un crime grave et dont les conséquences seraient durables. Rendre des citoyens dépendants d'une façon ou d'une autre, que ce soit avec de l'argent, de la drogue ou de la surveillance omniprésente, c'est les dépouiller de leur fierté, de leur honneur, de leur autonomie. Félix Leclerc l'avait bien dit: payez quelqu'un à ne rien faire et vous le détruirez.

On peut aider des handicapés, des malades et des mourants, c'est-à-dire des gens qui ne peuvent se prendre en main. On peut également offrir le gîte, le repas ou le vêtement pour dépanner quelqu'un qui est mal pris et vaillant. Mais donner de l'argent, c'est encourager à ne pas travailler, d'autant plus que le mendiant pourra s'en servir pour s'enfoncer davantage dans la drogue. C'est bien connu. Pourtant, on continue de s'amollir en apercevant une main tendue. On fait un geste sans en mesurer les véritables conséquences.

Il est facile de devenir dépendant, comme il est facile de rendre un autre dépendant. C'est là l'arme favorite de la propagande, de la publicité et du pouvoir. Rendre dépendant est aussi l'instrument des sadiques, des agences pornos, de l'industrie du sexe, des maquereaux et des «madames», des gangs criminels et des mafias.

Il est plus facile de rester dépendant que de devenir autonome, de croître. Il est difficile aussi d'éconduire une personne dépendante que l'on aime – comme la mère oiseau doit pousser hors du nid l'oisillon pour qu'il apprenne à son tour à voler. Mais c'est là seulement que l'on rend vraiment service à quelqu'un parce qu'on suscite en lui son pouvoir de croissance.

Quelques dictons me reviennent ici en mémoire:

- *Il ne faut pas jeter ses perles aux pourceaux;*
- *On peut amener le cheval à l'auge, mais on ne peut le faire boire;*
- *Plutôt que donner du poisson à quelqu'un, enseignez-lui l'art de la pêche.*

En somme, aidons l'autre à prendre sa vie en main, à devenir son propre maître, permettons-lui de se rendre autonome. Existe-t-il plus grand service que l'on puisse rendre à quelqu'un?

Il n'appartient qu'à lui de faire le reste.

C'est ce que j'ai appris durant mes années comme éducateur: agir vraiment pour l'autre, c'est lui donner le coup de pouce qui lui permettra enfin de se passer de vous. C'est cela mettre quelqu'un au monde. Il n'est peut-être rien de plus beau ou de plus enrichissant!